KB040532

태어난 집은 달라도
배우는 교육은 같아야 한다

서울시교육감 조희연의 쎈톡SEN-TALK

태어난 집은 달라도
배우는 교육은 같아야 한다

조희연 지음

더봄

서울시교육감 조희연의 쎈톡SEN-TALK

태어난 집은 달라도
배우는 교육은 같아야 한다

제1판 1쇄 발행   2018년 2월 5일
제1판 2쇄 발행   2018년 2월 9일

지은이   조희연
펴낸이   김덕문

펴낸곳   더봄
등록번호   제399 – 2016 – 000012호(2015.04.20)
주소   경기도 남양주시 별내면 청학로중앙길 71, 502호(상록수오피스텔)
대표전화   031 – 848 – 8007   **팩스** 031 – 848 – 8006
전자우편   thebom21@naver.com
블로그   blog.naver.com/thebom21

ISBN 979 – 11 – 88522 – 07 – 1 03300

ⓒ 조희연, 2018

차례

제2부
자세히 보면 인재가 아닌 사람은 없다

제3부
걸어가는 사람이 많아지면 곧 길이 된다

저자의 말

교육불평등 해소를 위해서라면
'정의로운 차등'을 마다하지 않겠습니다!

"우리 사회는 출신학교와 직업부터 묻는 경우가 많습니다. 학교 성적이 만든 학력 차이와 교육 차별을 너무나 당연하게 받아들이고 있습니다. 그리고 교육격차는 소득과 신분의 차이를 발생시키는 게 현실입니다. 따져보면 수능 점수 1~2점 점 차이로 명문대를 가느냐 마느냐가 결정되고, 결정적으로 직업선택의 폭을 좌우합니다. 그러므로 SKY 출신이 갖는 과한 특권도 깨져야 합니다. 수직서열화된 사회를 수평적인 다양성을 가진 사회로 궁극적으로 바꿔야 합니다. 교육을 통해서 재능을 키워 당당한 인재로 성장할 수 있는 사회로 나아가야 합니다. 부모의 소득 격차에 따라 아이가 배우는 교육이 차별받아서는 안 됩니다. 정의로운 교육이란 모두에게 평등한 교육의 권리를 제공하는 것입니다. 황폐해진 일반고에 지원을 강화해 많은 학생들에게 다양한 교육을 제공하고, 교육 소외 학생에게는 차등적으로 더 많은 지원을 해야 합니다. 양극화 해소를 위해서 복지제도를 도입하고 조세체계를 바꾸고 누진세를 강화하는 방법도 중요하지

　　태어난 집은 달라도 배우는 교육은 같아야 한다

만 교육불평등을 완화하는 대책이 함께 시행되어야 합니다. 오늘날 부모의 능력에 따라 교육불평등이 재생산됩니다. 있는 집 자녀는 없는 재능도 만들지만 없는 집 자녀는 있는 재능도 못 키웁니다. 때문에 부모의 부의 차이를 우리 사회가 교육으로 상쇄시켜야 합니다."

어떠세요? 어느 초청 강연회에서 제가 했던 말입니다.

저는 2014년 서울시교육감 선거에 나설 때부터 교육격차 및 교육불평등을 완화하겠다고 공약했습니다. 취임 100일이 되는 날에는 재임 전 기간에 걸쳐서 '교육불평등에 도전하는 교육감이 되겠다'라고 다시 다짐을 했습니다. 이후 '태어난 집은 달라도 배우는 교육은 같아야 한다'를 입에 달고 살았습니다.

저소득층학생, 다문화학생 등이 많은 학교에 예산을 추가해서 더 지급하는 평등예산제도, 화장실 개선 등 학교시설 개선에서 소외지역이나 비선호학교를 우대하는 것, 소규모 학교 살리기 정책, 학교에 따라 급식비를 차등하여 추가로 지급하는 것, 많은 학부모들이 선호하는 '공립외고' 격에 해당하는 서울국제고에 저소득층 학생을 50% 입학하도록 하는 정책, 교육 소외지역에서 공교육 지원을 강화하기 위하여 지자체와 교육청이 협력하는 혁신교육지구 등 무수한 정책을 펼치려고 노력했습니다. 저는 이러한 정책을 '정의로운 차등'이라고 명명했습니다. 미국 등에서는 역차별정책affirmative action 으로 불리고 있는데, 이를 한국형 교육정책으로 바꾸면 정의로운 차등이라고 할 수 있습니다. 교육불평등에 대한 국내적·국제적 관심을 촉진하기 위하여 여러 나라의 세계 석학을 초대해서 국제심포지움을 열고, 교육불평등을 주제로 발제를 했습니다. 이 책 끝부분에 그 논문을 그대로 실었습니다.

그동안 써왔던 글을 정리하면서 저는 불평등, 불공정, 불합리에 대한 문제의식이 사람에 대한 애정임을 느꼈습니다. 이러한 문제에 대해서 고민하는 것은 평등, 공정, 정의라는 가치를 설명하기보다는 우리 모두가 교육의 당사자로서 성찰하는 역량을 수렴하고자 하는 바람에서입니다. 곧 저는 직선 서울시교육감으로서 4년 임기를 다 채운 교육감이 됩니다. 그런데, 2014년 12월부터 2016년 12월까지 2년 동안 긴 재판을 거쳤습니다. 박근혜 정부가 기획하여 국정원을 통해 사찰을 지시한 것이 김영환 청와대 민정수석의 비망록에서 밝혀졌고, 그 결과 전 정무수석의 구속으로 드러났습니다. 이러한 어려움을 딛고 저는 서울교육의 안정성을 확보하였습니다. 함께해주신 모든 분들께 진심으로 감사의 말씀을 드립니다.

나아가 서울시교육감으로서 최선을 다해온 저의 고민과 사색, 소통의 성과를 서울교육가족과 모든 서울시민들에게 되돌려드린다는 마음으로 이 책을 바칩니다.

2018년 2월 1일
서울시교육감 조희연

태어난 집은 달라도 배우는 교육은 같아야 한다

제1부

**겨울에 자란
나이테가
더욱 단단하다**

——

겨울에 자란 나이테가 더욱 단단하다

새해를 맞아 서울교육청 외벽에 건 걸개그림에 적힌 고은 시인의 시 구절이 인상 깊게 다가왔습니다.

"걸어가는 사람이 제일 아름답더라. 누구와 만나 함께 걸어가는 사람이 제일 아름답더라."

개인적으로 그 글귀를 보며 신영복 선생님의 『감옥으로부의 사색』에 나오는 구절을 떠올렸습니다.

"나무의 나이테가 우리에게 가르치는 것은 나무는 겨울에도 자란다는 사실입니다. 그리고 겨울에 자란 부분일수록 여름에 자란 부분보다 더욱 단단하다는 사실입니다."

내 인생의 전환점

제 인생의 전환점이 언제였는지 생각해보니 아무래도 70년대 말 긴급조치 9호로 대학에서 제적되고 감옥에서 1년여 동안 수형생활을 한 때가 아닌가 싶습니다. 비겁하게 살지 않고, 시대의 도도한 변화에 참여하면서 행동하는 삶을 살게 된 계기가 거기서 주어진 것 같습니다. 그러지 않았다면 지금쯤 아마 주류지식인으로 살고 있을지도 모르지요.

70년대 말~80년대 초에는 '현장론'이라는 거대한 흐름이 있었습니다. 대학생들이 대학생으로서의 특권을 포기하고 현장노동자로 살고자 했던 시기였습니다. 저도 대학에서 제적되고 나서는 그 흐름으로 갈 수밖에 없다고 생각했는데, 그때 저는 조금은 '비겁하게' 자격증이라도 하나 따야겠다고 생각하고 '열관리사' 시험을 봤습니다. 그런데 1차는 필기니까 대충 외워서 합격했는데, 보일러라고는 본 적도 없던 터라 실기는 당연히 합격할 수가 없었습니다. 결국 제대로 된 노동자로도 살 수가 없었습니다.

그 이후 80년대 정부 방침에 따라 복학하면서 학교로 돌아와 졸업을 하고, 대학원에 가서 비판적 지식인으로서의 삶을 살게 되었습니다. 교수 시절, 저는 홈페이지 자기소개에 '2선' 지식인이라는 표현을 곧잘 사용했습니다. 70년대 후반 긴급조치 9호 세대로서 7~80년대 '1선'에 나가 시대의 모순에 도전하면서 치열하게 사는 친구들을 보며 부끄러움을 느꼈고, 그렇게 살지는 못하더라도 '2선'만이라도 지키면서 살자고 각오를 다진 것입니다.

담담하고 담대하게 사는 법

    누구나 때로는 상상도 못할 만큼 어렵거나 예기치 못한 상황에 처할 수 있습니다. 그럴 때면 어떻게 해서 그 상황을 담대하게 뚫고 나갈 것인가하는 깊은 고민을 할 것입니다.

    과거 어려웠던 시절, 제 인생의 밑바닥이라고 할 수 있는 시기를 돌이켜보면, 한편으로는 안쓰럽기도 하지만 대부분은 마음이 차분해집니다. 저는 아무래도 '높은 곳'을 바라보는 것이 아니라 '낮은 곳'을 바라볼 때, 그리고 지나간 어려웠던 시절을 생각할 때 더욱 평정심이 생기는 것 같습니다.

    70년대 말 〈긴급조치 9호〉 위반으로 학교에서 제적되고 죄수가 되어 재판정에 섰습니다. 그때는 유신시대여서 학교에서 제적되고 감옥에 가게 되면 '인생이 끝장나는' 것처럼 생각되던 시기였습니다. 아버지께서는 '얘가 앞으로 어떻게 먹고 살까, 평생 친척들에게 폐를 끼치며 살지는 않겠는가' 하고 탄식하시기도 했습니다. 그때는 '민중'으로 살아가야 한다는 시대적 강박관념도 있었고, 대학생 신분을 벗어던지고 노동자가 되어야 한다는 생각도 강했습니다. 그래서 성수동의 주물공장에 잠깐 들어갔던 시절도 있었습니다. 그 시절이 제 인생에서 가장 힘겨웠던 시절이 아니었나 싶습니다.

1980년 학교로 돌아갈 수 있게 됐을 때 저는 곧바로 복학을 하고, '나는 노동자로 살아가는 것보다는 지식인 역할을 통해 사회에 좀 더 많은 기여를 할 수 있을 거야'라고 스스로를 합리화하면서 대학원에 갔고 학자의 길로 들어섰습니다. 아마 유신시대가 오래 갔다면, 80년에 복학을 할 수 없었더라면, 그리고 대학원에 갈 수 없었더라면 저는 지금쯤 전혀 다른 길을 가고 있을지도 모릅니다.

지금 저는 행복하게 잘 살고 있습니다. 한때의 '민중이 되어야 한다'는 생각은 어디로 갔는지 지금 너무나 많은 것을 가지고 살고 있습니다. 그 당시 겪었던 인생의 고난기를 생각하면 저는 더 많이 내려가고 더 많이 박탈되더라도 '너무나 많이 가진 존재'일 것입니다.

사실 개인적으로 부족한 점이 많은데도 불구하고 교육감이라는 중책에 올랐습니다. 과분하게도 말입니다. 다른 많은 분들처럼 오랜 기간 준비한 것도 아닌데, 어느 날 '운명처럼' 이 자리에 불려나왔습니다. 이왕 이 길에 들어섰으니, 그나마 지난 30년 동안 비판적 지식인으로 갈고 닦은 능력을 우리 아이들의 행복한 교육을 위해 투신하는 심정으로 최대한 발휘해야겠다고 생각하고 있습니다.

비록 마음속에 이런저런 고민이 있지만 70년대 말의 그 엄혹했던 시절, 대학생의 신분마저도 버려야 했던 그때를 생각하면 지금의 어떤 어려운 상황은 그때만큼은 불행하지도 안타깝지도 않습니다. 그렇게 생각하면 엄혹한 시대를 산 우리들은 지금을 오히려 덜 불행한 시기로 여기고 '마음 다스리기'를 할 수 있는 행복한 세대가 아닐까 싶습니다. 오늘은 오랜만에 잊었던 과거를 생각하면서 시련 앞에서 더욱 담담하고 더욱 담대해지겠노라고 마음을 다잡습니다.

태어난 집은 달라도 배우는 교육은 같아야 한다

뜻이 있으면 반드시 이룬다

'눈 덮인 들판을 걸을 때는 함부로 어지러이 걷지 마라. 오늘 내가 남긴 발자취는 뒷사람의 이정표가 되리니.'

1948년 4월, 분단을 막기 위한 남북협상을 위해 김구 선생님이 38선을 넘으며 읊은 서산대사의 시입니다. 김구 선생님이 남긴 귀한 말씀을 되새기며, 중·고등학생들, 독립운동가 후손들과 함께 영화 〈대장 김창수〉를 보고, 자유롭게 토론하는 시간을 가졌습니다.

〈대장 김창수〉는 일단 영상이 참 아름다웠습니다. 촬영감독의 기량이 출중하다고 생각합니다. 내용도 참으로 감동적이었습니다. 식민지시대로 전락해가는 조선에서 살아가는 일본인, 교도소 소장, 간수, 죄수 등 여러 군상들의 시대의 흐름에 따른 인간적 변화를 다양한 시선과 깊은 울림을 갖는 언어로 잘 빚어낸 영화였습니다. 감옥에서 일어나는 크고 작은 사건들로 인해 주인공이 겪는 인간적인 고뇌와 미묘한 심리적 변화를 진지하고 섬세하게 그려냈습니다. 한편으로 군데군데 유머코드를 넣었으면 하는 생각도 들었습니다. 삶은 진지하기도 하지만 또 순간순간 느끼는 크고 작은 환희와 애환이 뒤엉켜 있으니 말입니다.

영화를 본 후 학생들과 인상 깊었던 부분에 대해 얘기를 나눴습니다. SNS를 통해 자발적으로 신청해 모인 학생들이어서 그런지 적극적인 생각들이 오갔습니다. 그중에서도 '식민지근대화'의 공과에 대한 교도소장(송승헌 분)과 김창수(조진웅 분)의 논쟁이 특히 눈길을 끌었습니다. 교도소장이 경성에서 인천에 이르는 철도 건설이 얼마나 조선 발전에 도움이 되는지를 역설하면서 무지렁이들은 모른다고 질타하자, 김창수가 그 철도를 건설하면서 조선의 민중이 얼마나 고통 받고 죽어갔는지 아는가, 그리고 그 철도가 만들어짐으로써 발생하는 이득을 누가 독차지하는가를 되묻는 장면입니다. 이 대목은 영화를 보시는 분들, 특히 학생들이 한번 같이 생각해보면 좋을 토론 주제가 아닌가 싶습니다.

영화 마지막에 '유지경성有志竟成(뜻이 있으면 반드시 이룬다)'이라는 한자성어가 나옵니다. 학생들에게 이 말의 의미를 되새겨주면서, 자신과 나라를 위해 큰 뜻을 세우고 나아가기를 당부했습니다. 역사를 주체적으로 해석하고, 우리와 역사의 상관관계에 대해 대화해보는 것도 앞으로의 삶에 큰 도움이 될 것입니다.

태어난 집은 달라도 배우는 교육은 같아야 한다

학생들과 함께 영화 〈대장 김창수〉를 보고 토론을 했습니다.
영화 마지막에 '유지경성有志竟成(뜻이 있으면 반드시 이룬다)'이라는
한자성어가 나옵니다. 학생들에게 이 말의 의미를 되새겨주면서,
자신과 나라를 위해 큰 뜻을 세우고 나아가기를 당부했습니다.

민주를 외친 4월의 그날

　　4.19 민주화운동 기념일을 하루 앞두고, 국립 4.19 민주묘지를 다녀왔습니다. 저는 대학생 때부터 매년 참배를 해왔습니다. 지금은 '기념'의 의미가 크지만, 70년대 대학생 때나 80년대에는 4.19 희생 자들이 독재 권력을 대면하면서 가졌던 격한 분노와 치열한 투쟁적 분위기를 가슴에 담곤 했습니다.

　　참배를 하면서 4.19 희생의 정신을 이어받아 새로운 사회와 새로운 교육에 힘쓰겠노라 다짐을 했습니다. 특별히 4.19 당시 홀어머니께 유서 한 장을 남기고 시위에 나섰다가 목숨을 잃은, 14살 소녀 진영숙 학생의 묘역 앞에 잠시 머리를 숙였습니다. 60여 년 전 그날, 진영숙 학생과 같은 수많은 학생과 시민들의 희생으로 독재정권을 타도하고 민주화를 이뤄냈듯이 지금의 우리도 크나큰 정치적 변화를 이뤄냈습니다. 선배 희생자들의 4.19혁명 정신이 변화의 동력이 되어 지금의 우리에게 녹아있기 때문이겠지요.

태어난 집은 달라도 배우는 교육은 같아야 한다

진영숙 학생의 유서를 소개하며, 그날의 정신을 되뇌어 봅니다.

"시간이 없는 관계로 어머님을 뵙지 못하고 떠납니다. 끝까지 부정선거에 맞서 싸우겠습니다. 지금 저와 저의 친구들 그리고 대한민국 모든 학생들은 우리나라 민주주의를 위하여 피를 흘립니다. 어머니, 데모에 나간 저를 책하지 마십시오. 우리들이 아니면 누가 데모를 하겠습니까? 저는 아직 철없는 줄 압니다. 그러나 조국과 민족을 위하는 길이 무엇이라는 것은 알고 있습니다. 저와 모든 학우들은 죽음을 각오하고 나선 것입니다. 저는 생명을 바쳐 싸우려고 합니다. 데모하다 죽어도 원이 없습니다. 어머니, 저를 사랑하시는 마음으로 무척 비통하게 생각하시겠지만, 온 겨레의 앞날과 민족의 해방을 위하여 기뻐해 주세요. 이미 저의 마음은 거리로 나가 있습니다. 너무도 조급하여 손이 잘 놀려지지 않는군요. 부디 몸 건강히 계세요. 거듭 말씀드리지만 저의 목숨은 이미 바치려고 결심했습니다. 시간이 없는 관계상 이만 그치겠습니다."

옛 남영동 대공분실에서

박종철을 죽음으로 내몬 현장인 옛 남영동 대공분실에서 열린 30주기 추모문화제와 기념식에 참석하였습니다. '임을 위한 행진곡' 제창으로 시작해 이애주 선생의 진혼굿으로 이어진 행사를 지켜보면서 많은 상념이 떠올랐습니다.

위대한 전환기의 처절한 슬픔과 처절한 분노

위대한 역사적 전환은 큰 희생을 동반한 사건으로 주어지는 것 같습니다. 박종철 사건이야말로 그렇습니다. 아버지 박정기 선생님과 가족들에게는 처절한 슬픔이었지만, 그것을 지켜본 국민들은 처절한 분노를 느꼈습니다. 그리고 그 처절한 분노는 1987년 6월 항쟁으로 이어졌습니다.

"박종철의 죽음은 30여 년에 걸친 민주화투쟁의 가장 비극적인 정점이었다. 그 비극의 정점에서 그는 산화한 것이다. 그러나 바로 그

태어난 집은 달라도 배우는 교육은 같아야 한다

비극의 정점으로부터 역사는 위대한 반전을 시작한다."

– 김정남 선생이 쓴 『우리는 결코 너를 빼앗길 수 없다』 책의 14쪽

그리고 그 처절한 슬픔은 부친인 박정기 선생님을 부산시청의 착하고 성실했던 말단의 공무원에서 아들을 대신하여 이 나라 민주주의를 지키고 일구어내는 '늦깎이 투사'로 변화시키고, 그리고 그 처절한 분노는 순응과 체념 속에서 일상을 살아가던 국민들을 '타는 목마름으로 민주주의를 열망하는' 전사로 변모시켰습니다. 많은 대학생들을 뜨거운 눈물을 삼키며 주먹을 불끈 쥐는 투사로 만들었습니다.

30년 전 비극적 죽음과 현재의 희극적 국정농단?

30년 전 박종철을 죽음으로 몰아넣던 시기와 촛불시민혁명이 진행되는 현재가 자꾸 대비됩니다. 누군가 이야기한 것처럼 역사는 한 번은 비극으로, 한 번은 희극으로 전개되는가요?

1987년에는 박종철의 비극적 죽음에 의해 거대한 역사적 전환이 일어났다면 지금은 희극적 국정농단과 부패로 인해 거대한 역사적 전환이 일어나고 있습니다. 박종철을 죽음으로 내몬 국가가 야만적이고 폭력적인 국가였다고 한다면 지금은 형식적으로는 그 야만성과 폭력성이 약화되었지만 여전히 '표리부동한 국가'를 마주하고 있는 것 같습니다. 겉으로는 화사한 옷과 문화융성이라는 화려한 구호로 치장되지만 실제적으로는 부정의하며 구시대적이고, 또 전근대적이기까지 하는 국가가 존재하고 있는 것입니다.

박종철이 갈망했을 새로운 국가와 사회

박종철이 물고문의 현장에서 처절하게 갈망했을 국가와 사회는 과연 어땠을까요.

역설적으로는 박종철의 죽음으로 인해 과거와 같은 야만적인 죽음은 사라졌다고 하고, 그리하여 고문의 현장이 경찰청 인권기념센터로 변모되었지만 지금도 여전히 고통스런 현실 속에서 살아가는 수많은 '박종철들'이 있습니다.

박종철 30주기를 맞아 그 고문의 현장을 다시 방문하면서, 박종철의 비극적 죽음으로 자유와 민주주의를 향유하게 된 많은 사람들이 박종철이 갈망했을 새로운 국가와 새로운 사회를 만들어가야 하지 않을까 하는 생각을 해봅니다.

태어난 집은 달라도 배우는 교육은 같아야 한다

영화 〈1987〉

　　영화 〈1987〉을 보았습니다. 먼저 독재정권 말기적 폭력성이 두드러지고, 아래로부터의 반독재 민주화투쟁이 정점을 향해가던 시기의 엄혹하고 눈물겨운 현실, 긴박했던 격돌의 현장을 담담하고 박진감 있게 그려낸 감독과 작가에 깊은 찬사를 드립니다. 그리고 개인적인 몇 가지 생각을 적어봅니다.

　　먼저, 대부분의 영화는 주인공이 있고 그 주인공을 중심으로 스토리가 구성됩니다. 그러나 〈1987〉은 누구 한 사람도 독보적인 주인공이 아니었습니다. 모든 배우들이 자기방식대로 시대를 살아낸 다종다양한 인물군상을 열연하고, 그 모습이 하나같이 감동을 줍니다. 누구 하나 튀지 않고 모두가 '더불어숲'을 이루는 식입니다. 누군가를 악마화하거나 영웅화하지 않는 방식도 너무 좋았습니다.

　　둘째, 80년대 초중반의 시대가 그래서 그런지는 모르겠지만, 그 흔한 애정신(강동원과 김태리의 초반 연애감정?)도 하나 없이 당시 시대적 사건의 흐름을 풀어내는 과정이 진실을 찾아가는 긴박한 두뇌게임을 그린 영화처럼 흥미로웠습니다. 사실 그 시대를 경험했던 사람들, 이런 문제에 관심을 가진 분들의 입장에서는 '뻔한 스토리'일 수도 있겠지만, 그 '뻔한 스토리'를 알고 있는 사람들마저 흥미진진한 범죄스토리 혹은 스릴러물의 관객처럼 끌고 가는 영화의 마력이 신기했습니다.

셋째, 문재인 대통령도 주목한 부분입니다만, "그런다고 세상이 바뀝니까?"라고 하는 어느 시대에나 존재하는 체념적이고 순응적인 세계관에 대해 "그래야만 세상이 바뀝니다"라는 대답을 합니다. 그 체념적 질문과 신념적 대답의 갭을 메워주는 수많은 크고 작은 우연과 필연, 희생과 실천, 피와 땀과 눈물을 80년대의 긴박했던 역사적 흐름을 통해 잘 보여주고 있습니다. 사실 평범한 대학생 '연희'를 통해서 보여주듯이 1987년이라고 하는 한국 민주화투쟁의 클라이맥스는 김정남, 함세웅, 박종철 등의 큰 이름들로만 이루어진 것이 아닙니다. "그런다고 세상이 바뀌나요", "그래봐야 달걀로 바위치기"라고 생각하던 평범한 시민들이 독재의 참혹함과 반인간적 측면에 분노하면서 숭고한 반독재의 대중적 흐름에 동참하는 평범한 소시민의 변화과정 위에서 가능했습니다. 이 영화는 이러한 새삼스런 역사적 진실을 우리에게 묵직하게 전달합니다.

영화예술적 성취에 깊은 찬사와 헌사를 드리며

영화 〈1987〉을 본 많은 사람들은 각자의 입장과 상황에서 다양한 느낌과 생각을 하게 될 것입니다. 왜냐하면 1987년이라는 엄혹한 상황에서도 사람들은 다양한 위치에서 다양한 정서로 그 시대를 경험하면서 살았기 때문입니다. 그 사람들이 〈1987〉을 볼 때의 느낌과 생각도 다를 것 같습니다. "나 같은 사람은 미안함에 버겁고 불편하고 두려워서…, 적극적이지 못했고 나만을 위해 그 시절을 보낸 나 같은 사람은 그 미안함에 영화 후반 내내 눈물을 멈추지 못했다"고 한 가수 윤종신 같은 사람도 있을 것입니다. 또 이한열의 어머니처럼 그때의 아픔이 가슴을 파고들어 차마 볼 수 없는 분들도 있을 것입니다.

영화 〈1987〉은 박종철 사건이라는 역사적 사실을 모티브로 자칫 소재주의에 빠지지 않고 얄팍한 신파적 감상 강요나 선정주의를 도모하지 않고, 거대한 구조와 악에 맞서는 개인들의 작은 양심과 선의가 모여드는 이야기를 사실적이며 흥미롭게 그렸습니다. 그 시대를 산 우리 세대들은 그 엄혹했던 시대의 경험을 하나의 역사적 유산으로 젊은 세대에게 생생하게 전해주는 감독의 역량에 감탄할 것입니다.

저 같은 경우 영화가 그리는 시대보다 더욱 엄혹했고 처연했던 (우리는 그렇게 느낍니다) 유신시대(1972-1979년). 그중에서도 긴급조치 9호 시대(1975-1979년)를 살았고, 그 다음에 광주를 경험했고, 나아가 80년대 '변형된 유신체제'인 전두환 정권 시대를 살았고, 그것에 종지부를 찍은 1987년 민주항쟁의 시대를 순차적으로 살았습니다. 영화에도 나오지만, 문익환 목사님이 박종철 열사, 이한열 열사 등 수많은 열사들의 이름을 절규하듯이 부르던 추도식의 현장에도 있었습니다. 그래서 그 시대상을 그냥 후일담이나 훈계형의 딱딱한 영화가 아니라, 마치 범죄영화처럼 재미있고 박진감 넘치는 볼만한 영화로 만든 감독과 작가에게 마음 깊이 감사드립니다. 이 영화는 젊은 세대에게, 현재 그들이 누리는 민주주의와 인권, 자유가 많은 희생과 투쟁, 고문과 억압, 그에 대한 수많은 인고의 저항 위에서 이루어졌다는 점을 세대를 뛰어넘어 일반적인 사실로 전달하고 있음에 감사드립니다.

고문 앞에 인간은 언제 무너지는가

마지막으로, 한 가지 뇌리에 끝까지 남는 것은 사랑하는 가족을 살해하겠다는 위협에 무너지는 두 장면이었습니다. 하나는 유해진이 남영동 대공분실에서 물고문, 전기고문을 다 이겨내고 김정남의 위치를 불지 않았지만, 결국 누나와 조카의 살해위협 앞에서는 모든 것을 실토하게 되는 장면입니다. 다른 하나는 박종철의 죽음에 책임을 지고 감옥에 간 조반장 박희순이 윗선에서 약속을 어긴 것에 분노하면서 진실을 공개해버리겠다고 항변하다가 박처장(김윤석)이 그를 폭력적으로 제압해도 굴하지 않았으나, 가족들을 살해하겠다는 위협에 다시 충성하겠다고 '굴복'하는 모습입니다.

차가운 겨울 강에 뛰어들어 박종철의 유골가루를 물속에 뿌리며 "잘 가그래이! 철아! 아부지는 아무 할 말이 없데이"라는 대사는 우리 세대는 수백 번을 들었을 대사임에도 불구하고 이번에도 어김없이 눈가가 젖는 것을 주체할 수 없었습니다. 이한열 어머니 배은심 선생님, 박종철 아버지 박정기 선생님처럼 열사의 아버지와 어머니로 살아가는 분들의 마음은 어떨까 하는 생각을 이 영화를 보면서 다시금 하게 되었습니다.

87년이 성취한 거시적 민주화와 여전히 남은 미시적 민주화

이 영화를 페북 친구들, 팬카페의 친구들 20여 분과 같이 보았습니다. 저는 사실 '1987년을 경험하지 못한 세대들이 영화 〈1987〉을 통해 그 시대를 어떻게 느끼고 생각할까'라는 의문이 있었습니다. 마침 젊은 세대들이 있었는데, 아무래도 영화가 그리는 '폭력의 시대'를 경험하지 않았기 때문에 공포와 무서움이라는 감정이 들었다고 했습니다. 또한 얘기를 나누다 보니, 80년대 민주항쟁의 과정에 주도적인 역할을 한 여학생도 많은데, 왜 연희(김태리)를 소심하고 평범한 이미지로 그렸는가, 혹시 통상적인 남녀 이미지를 전제로 그린 것이 아닌가 하는 이야기도 제기되었습니다. 이에 대해 약간의 토론이 있었는데, 80년대는 두 가지 폭력성, 굳이 폭력이라는 표현을 같이 쓴다면 군부독재의 극단적 폭력성과 그에 대항하기 위해 불가피하게 만들어진 전투적 폭력성이 격돌하다 보니까 전투적 남성성이 부각될 수밖에 없었고, 상대적으로 여학생이 주변적일 수밖에 없지 않았나 하는 의견도 있었습니다.

다음으로 영화에서 보여주는 그 치열한 투쟁으로 거시적인 민주적 전환(직선제로의 개헌이나 제도적 민주화, 정치적 민주화 등)이 이루어졌지만, 여전히 민주화가 진행형이라는 점을 전제할 때 미시적 민주화, 생활정치적 민주화, 관계민주화, 사회적 민주화 등 갈 길이 여전히 많이 남아 있다는 것을 다시금 깨달았습니다.

『김병곤 평전』 출판기념회에 다녀와서

　'세대'라는 것이 있습니다. 특정한 시기의 독특한 역사적 경험을 공유한 연령집단을 말합니다. 70년대 유신세대, 70년대 후반 긴급조치 9호 세대가 그것입니다. 촛불시민혁명세대가 '두 번째 박정권'을 촛불과 탄핵으로 무너뜨린 세대라고 한다면, 김병곤 선생은 유신세대로서 '첫 번째 박정권'과 싸우며 이 땅의 민주주의와 인권의 시대를 열어간 그 세대 중에서도 가장 치열하게 투쟁에 임했던 분이었습니다. 여섯 번의 구속을 무릅쓰며 이 땅의 민주주의를 위해 싸우다 38세에 위암으로 돌아가신 고 김병곤 선생의 38년 간의 삶과 운동이 김현서 작가에 의해 『김병곤 평전』으로 집필되어 나왔습니다.

　그를 추모하러 모인 사람들은 그가 특별한 사람이었다는 공통의 기억을 가지고 있습니다. 치열하고 전투적인 삶을 살았고, 동시에 푸근한 사람이었습니다. 참 조화하기 어려운 두 덕목을 함께 가진 분이었습니다(그의 전투성은 민청학련 사건으로 사형을 언도받은 그가 외친 '영광입니다'라는 말 속에 함축되어 있습니다). 저의 경험과 많은 분의

태어난 집은 달라도 배우는 교육은 같아야 한다

기억에서, 그는 운동과 삶, 말과 행동이 분리되지 않은 사람이었습니다.

박정희 정권과 전두환 정권이라고 하는 엄혹했던 '암흑의 시대'를 산 우리들은 그 시대의 아픔을 결코 잊지 못합니다. 김병곤 선생도 38세의 나이로 죽음을 맞았습니다. 우리는 지금도 그 기억들을 '마음의 빚'으로 가지고 사는 세대들입니다.

그렇다고 해서 우리 세대가 젊은 세대에게 '꼰대'처럼 그 시대의 무용담과 투쟁을 열거해서는 안 될 것입니다. 하지만 그래도 젊은 세대들이 지금의 자유와 민주주의, 인권이 김병곤을 비롯한 많은 분들의 피와 죽음 위에서 피어난 꽃이라는 것을 잊지 말았으면 하는 소망을 가져봅니다.

-2017년 11월 27일

세계와 인간을 깨우는 지혜

꼭 20년 20일의 감옥 생활 뒤, 1989년부터 성공회대에서 강의를 시작했던 신영복 선생님. 그가 지난 1월 15일 우리 곁을 떠났습니다. 『담론』은 세계와 인간에 대한 깊은 지혜를 전해주는 그의 마지막 강의록입니다. 선생님은 『감옥으로부터의 사색』, 『강의』등 많은 책을 냈지만 그의 마지막 저작인 이 책은 생의 마감을 예감이라도 하신 듯 지금까지의 사색을 종합한 강의록입니다.

이 책은 '고전으로 읽는 세계 인식'을 다루는 1부와, 출옥 이후 매일 대면하며 살아가는 현재적 사회적 삶 속에서 빚어낸 사색과 지혜를 전해주는 2부로 구성되어 있습니다. 1부에서 그는 동양의 고전과 주요 사상가들을 현재적 시선으로 재해석함으로써 축자적 해석이나 자구의 의미를 전달하려는 노력과는 차원을 달리하는 새로운 고전 읽기를 보여주고 있습니다. 고전 공부를 '인류의 지적 유산인 고전 텍스트를 토대로 미래를 만들어가는 창조적 실천'이라고 정의하는 그는 이 책에서 자신이 말해온 '탈문맥의 창조적 실천'을 몸소

태어난 집은 달라도 배우는 교육은 같아야 한다

보여주고 있습니다. 2부에서는 자신의 삶의 고비마다 남긴 사색의 흔적을 바탕으로 지혜를 전해줍니다.

그에게는 세 가지 방법론이 있습니다. 첫째는 관계론적 인식론이고, 둘째는 주변부의 눈으로 세계를 보는 '변방의 시좌'이며, 셋째는 사회적 약자의 시선입니다. 관계와 변방과 약자라는 세 가지의 인식, 시좌, 시선이 만나 신영복만의 지혜를 엮어내고 있습니다.

저는 사무실에 '떨리는 지남철'이라는 그의 잠언을 걸어놓고 있습니다. 『담론』에서도 그는 이 잠언을 환기하며 성찰적 방향성을 찾아갈 것을 주문합니다. 지남철처럼 떨면서도 북극을 가리키는 방향성을 잃지 않는 것, 그러나 그 방향성은 확고불변하고 고정된 것이 아니라 '불안한 전율'을 통해 부단히 새롭게 재확립되어야 하는 '성찰적 방향성'입니다.

우리는 반공과 개발독재의 시련으로 빚어진 위대한 사상가를 떠나보냈습니다. 이제 그의 말을 직접 들을 수는 없지만 마지막 강의를 담은 잠언록과도 같은 이 『담론』의 지혜가 우리의 아쉬움을 달래줄 것입니다.

마침 지난 일요일 신영복 선생님의 뜻과 정신을 더 깊게, 더 넓게, 더 오래도록 이어가고자 하는 사단법인 '더불어숲' 창립대회에 다녀왔습니다. 선생님은 단순한 베스트셀러 작가이거나 장기수 출신의 학자가 아니라고 생각합니다. 우리 시대의 위대한 사상가이자 스승이요, 그의 삶과 사상을 따르는 수많은 사람들을 가진 예지자가 아닐까 싶습니다.

　－2016년 5월 16일

동지로 함께 사는 아름다운 부부

어느 장례식장에 다녀왔습니다. 평생을 학생운동과 사회운동, 진보정당운동에 헌신하다 50세도 안 되어 심근경색으로 갑자기 이 세상을 뜬 오재영 선생의 장례식장이었습니다. 그와 함께 했던 많은 분들이 오열하는 속에서 복잡한 생각이 들었습니다.

그래도 그는 행복한 사람 같습니다. 어렵게 사회운동과 진보정당운동을 해왔지만 굳건한 반려자인 부인이 있었기 때문입니다. 그의 부인은 구로구 교육혁신을 위해 헌신하고 계시는 분이기도 합니다. 그분은 영결식장에서 간단히 가족을 대신해 감사를 표했습니다. 절로 가슴이 숙연해졌습니다.

"가정에서도 그는 언제나 진보정당과 사회운동에 대한 걱정을 했습니다. 그를 지키지 못해서 죄송합니다. 이제 그를 가정으로 돌려주어서 감사드립니다. 이제 동지를 가정에 돌려주고 여러분은 오재영이 바랐던 좋은 세상을 만드는 일에 헌신해 주십시오."

그와 함께 진보정당운동을 했던 노회찬 의원의 말이 아직도 귓

태어난 집은 달라도 배우는 교육은 같아야 한다

가에 맴돕니다.

"오재영 동지, 먼저 가 계십시오. 저희는 동지가 남겨놓은 아이들이 구김살 없이 충분히 잘 사는 새로운 세상을 만든 다음에 당신이 있는 곳으로 가겠습니다."

참고로, 오재영 선생은 1987년에 서울대 외교학과에 입학해 줄곧 학생운동의 일선을 지켰고, 졸업 후에는 서울진보청년회 회장으로 청년운동을 계속하다가 1998년 공안사건으로 수감되기도 했습니다. 이후 국민승리21, 민주노동당, 진보신당, 정의당으로 이어지는 진보정당운동에 참여하였고, 노회찬 의원의 보좌관으로도 일했습니다.

촛불시민혁명 한 돌을 맞아

촛불시민혁명이 벌써 한 돌을 맞았습니다. 지금은 광화문에 서 있습니다. 지난해 10월 24일 최순실의 태블릿피시 내용이 공개되면서 온 나라가 발칵 뒤집혔던 게 엊그제 같습니다.

촛불시위에는 중·고등학생은 물론 초등학생들까지 부모님 손을 잡고 나왔습니다. 유모차 타고 나온 갓난아이들까지 있습니다. 특히 중·고등학생들은 조직적으로 참여하기도 했습니다.

저는 교육감으로서 학생들의 안전을 먼저 생각하지 않을 수 없어서 매번 촛불집회 때마다 장학사들을 현장에 파견하고, 응급치료를 할 수 있는 보건교사들을 보냈습니다. 다행히 이분들이 별 '실적'은 올리지 못했습니다.

촛불집회 때 저는 '국정교과서 철폐'를 위한 일인시위를 계속했습니다. 한겨울 내내 몇 주 동안 일인시위를 이어갔는데, 많은 분들이 격려해주시고, 기념사진도 같이 찍어주셨습니다.

태어난 집은 달라도 배우는 교육은 같아야 한다

촛불시민혁명 1주년을 맞아 촛불시민혁명의 초심을 다시 생각해봅니다.

저는 제가 맡은 자리에서 교육개혁으로 새로운 미래사회의 초석을 다지는 일에

최선을 다하겠다는 다짐을 해봅니다.

급기야는 광화문 촛불집회 연단에까지 올랐던 기억이 납니다. 그때 저는 학생들에게 이런 연설을 했던 기억이 납니다.

"4.19에 참여했던 세대는 평생 4.19세대라는 자부심으로 살아가고, 87년 6월항쟁에 참여했던 세대는 평생을 6월항쟁세대라는 자부심을 가지고 살아가는 것처럼, 여러분들은 2016년 촛불세대가 되었고 평생 그런 자부심으로 살아가게 될 것입니다. 촛불은 단지 정치지도자를 교체하는 것으로 완성되는 것이 아니라 새로운 국가, 새로운 사회, 새로운 교육을 만드는 것으로 완성됩니다."

국정농단의 주역들이 탄핵당하고 감옥에 가고, 새 정부가 들어선 뒤 국정교과서는 새 대통령의 지시 한 번으로 바로 철폐되었습니다. 어찌보면 촛불시민들이 '교과서 국정화'라고 하는 거꾸로 가는 역사의 수레바퀴를 바로 잡아주신 것입니다.

오늘 다시 광화문을 둘러보았습니다. 촛불시민혁명이라는 21세기 인류의 역사에 길이 남을 위대한 일을 이뤄낸 분들의 얼굴이 새롭습니다. 저 역시, 촛불-탄핵-대선 등을 거쳐 세계 민주주의 역사에서 유례가 없는 평화로운 방식으로 지도자를 교체하고 새로운 민주적 전환의 계기를 만든 2016~17년 촛불시대를 살았던 것이 큰 자부심으로 남습니다.

언제나 그렇듯 혁명이 발생할 때까지와 달리, 혁명 이후에는 훨씬 복잡한 경로로 상황이 전개됩니다. 너무 조급해하지 말고 그러나 방향성을 잃지도 말고, 촛불시민혁명의 정신을 이어 받아 새로운 국가, 새로운 사회, 새로운 교육의 기초를 만들어갔으면 좋겠습니다.

태어난 집은 달라도 배우는 교육은 같아야 한다

이런 점에서, 촛불시민혁명의 초심을 다시 생각해봅니다. 모든 촛불시민들이 이런 마음일 것입니다. 저는 제가 맡은 자리에서 교육 개혁으로 새로운 미래사회의 초석을 다지는 일에 최선을 다하겠다는 다짐을 해봅니다.

-2017년 10월 28일

참여연대 20주년을 맞은 소회

개인적으로 30대 후반에서 50대 초반까지 저에게 가장 중요한 일은 참여연대 활동과 성공회대 교수로서의 역할을 다하는 것이었습니다. 젊은 시절 참여연대를 통해 권력과 시장을 감시하는 시민사회운동에 참여하였고, 성공회대를 통해서 '대안적인 대학'을 만들려는 흐름에 참여하였습니다. 아쉽게도 지금은 이 둘을 다 떠난 셈이지만 말입니다.

지금은 감시를 받아야 하는 행정직의 위치에 올랐지만, 오랜 시간 동시대를 보낸 이 두 기관이 계속 우리 사회에 의미 있는 기관으로 남았으면 하는 바람을 갖고 있습니다. 특히 참여연대의 경우는 향후 20년 동안 '2단계 시민사회운동'의 전범을 만들기를 멀리서나마 소망해 봅니다.

시민사회운동은 다양한 유형이 있는데, 그중에서도 권력감시를 주업으로 삼는 참여연대의 경우는 이제 고도화된 권력과 시장, 더욱 복잡해진 시민사회운동의 지형을 잘 고려하면서 심층취재형 시민운동(탐사보도형 시민운동)의 전범을 보여주었으면 하는 바람입니다.

시민과 노동자의 아름다운 연대

　'사회적 파업연대기금'이 무엇인지 잘 모르시는 분들이 많을 것 같습니다. 낯선 분들에게는 '파업을 돕는 불순한 돈인가?' 이렇게 오해를 받을 수도 있겠지만, 그렇지 않습니다.

　예를 들어 설명을 드리자면 '사회적 파업연대기금'은 부당해고를 당해 생계가 막막한 상태에서 해고를 당한 회사를 상대로 외로운 싸움을 벌이고 있는 사람들의 생명줄과 같은 기금입니다. 간단히 말해 '최소한의 인간적 생계비용'이라고 할 수 있습니다. 어려운 조건에서 파업을 하는 노동자들이 바로 나 자신이자 나의 부모형제, 친구라는 생각에서 시작해 그들의 아픔에 공감하는 많은 사람들이 '사회적 파업연대기금'에 참여하고 있습니다.

　'사회적 파업연대기금' 5주년 행사에 다녀왔습니다. 한국과 같이 노동권이 충분히 보장되지 못한 조건에서 '사회적 연대'의 정신을 살린 '사회적 파업연대기금'이 이처럼 5년 동안이나 지속되고 있다는 사실은 충분히 놀랄 만한 일이라고 생각합니다. 덧붙여 말씀드리자면, 지난 5년 동안 한 번에 2,000만 원부터 500만 원 내외까지 57번의 지원이 있었다고 합니다. 제가 평소 서울교육에 있어서도 강조하고 있는 상생과 공존의 정신이 아직은 우리 사회에 오롯이 살아있는 것 같아 한편으로는 기쁘고, 또 다른 한편으로는 우리 사회제도가 보다 더 노동을 존중하고 약자의 편에 서는 방향으로 가기를 바라는 마음입니다.

제가 민교협(민주화를 위한 전국교수협의회)에서 대표로 활동할 때 노동위원장으로 각종 노동현안을 분석하고 다양한 노동조합운동의 지원사업을 총괄하며 많은 고생을 하셨던 권영숙 선생이 '사회적 파업연대기금'의 대표가 되어 그것의 창립에서부터 현재까지 큰일을 해왔습니다. 그녀는 강한 이론적-정치적 입장을 가지고 있고, 영국의 대처는 저리가라고 할 정도로 강한 열정과 리더십으로 사파기금 운동을 이끌어왔습니다. 22,000명의 비정규직의 '사용자'로서 파업의 대상이 되는 교육감이 기념식에 참여하는 것이 부자연스러울 수도 있지만, 권영숙 선생과 함께 어려운 일을 하는 분들과 일상적으로 함께 하지는 못하기 때문에 1년마다 하는 기념식에 얼굴 내미는 것으로 미안함을 달래곤 합니다. 마침 기념식에서 저에게도 마이크를 주어서 이런 말씀을 드렸습니다.

"교육청에서도 비정규직 문제로 어려움이 있지만, 누리과정 등으로 인한 예산 제약 때문에 기대만큼 잘하지 못하고 있어서 이 자리에 설 자격이 있는지 모르겠습니다. 5주년을 맞아 사회적 파업연대기금 '시즌 2'를 열기를 바랍니다. 그를 위해서 몇 가지 간단하게 그동안 권영숙 선생과 나누었던 이야기를 공유하고자 합니다.

먼저 '사회적 파업연대기금'은 기업노조나 산별노조가 스스로의 파업을 지키기 위해서 파업기금을 모집하는 것과는 다른 기금이라고 생각합니다. 그런 점에서 노동운동의 경계를 넘어 더 많은 시민과 국민이 참여하는 운동으로 발전해야 한다고 생각합니다. 현재 노동조합운동 등에 몸을 담고 있지는 않지만, 그래도 사회정의를 소망하고 노동의 발전을 바라는 많은 사람들이 있습니다. 부끄러움 때문이든 자신의 미안함을 상쇄하기 위해서든 적극적 의지에 의해서든 노동운동 외부의 많은 시민들이 참여할 수 있도록 해 주시기를 바랍니다. 그리고 이를 위해서 '노란 리본'과 같은 식의 적절한 상징적 캠페인을 병행하면 더 좋지 않을까 싶습니다.

마지막으로, 저는 '사회적 파업연대기금' 운동이 한국에서 이루어지는 '세계적인 캠페인'이라고 생각합니다. 통상 노동운동의 중요한 일은 서구 노동운동의 사례를 떠올리는데, 꼭 그렇지는 않을 것입니다. 저는 노동과 시민의 연대운동이라는 점에서 사회적 파업연대기금 운동은 세계노동운동사에 기록해두어야 하는 세계적인 일이라고 감히 생각해 봅니다. 그래서 이 운동이 더욱 확산되기를 소망합니다. 그리고 더욱 발전하여 한반도에서 일어나는 파업에 대한 지원뿐만 아니라, 이 땅에서 이루어지는 이주노동자 운동이나 아시아에서 이루어지는 의미 있는, 그러나 어려운 파업도 지원하는 한국적이면서 국경을 넘는 세계적인 연대운동으로 발전해가기를 소망해 봅니다. 지금 사회적 파업연대기금에 참여하고 헌신하는 분들이 바로 이런 큰 의미의 운동을 주도하고 있다는 것이 저의 생각입니다."

　　　　　　　태어난 집은 달라도 배우는 교육은 같아야 한다

세상 모든 것들은 아픔을 갖고 있다

영국의 유명한 과학자 알프레드 윌레스는 그의 자서전에서 나비가 고치를 뚫고 나오려고 하는 것을 보고 고치에 구멍을 내줬는데, 그렇게 해서 나온 나비가 몇 분 날다가 죽어버리는 것을 목격한 이야기와 함께 그때 얻은 깨달음을 적었습니다. 나비가 세상에 나오기까지는 고통과 아픔을 겪어야 하고, 그 고통과 아픔이 있어야만 날아다니는 부양 능력을 가진 나비가 탄생한다는 것입니다.

인간은 누구나 아픔과 상처, 시련을 갖고 살아갑니다. 도종환의 시 '흔들리며 피는 꽃'에서 표현한 것처럼 흔들림, 젖음을 가지고 말입니다.

문제는 그것을 승화시키고 그것을 위대한 것으로 만들어낼 수 있는가, 없는가 하는 것입니다. 심지어 장애의 아픔도 더 위대한 것을 하기 위한 출발일 수 있습니다. 그렇게 믿으며 장애인들에게 힘이 되어 드리는 서울교육이 되겠습니다.

'꼰대'의 사회학?

이른바 꼰대가 문제되는 것은 개인의 특성보다는 오히려 우리 사회의 특성에 기인하는 바가 크다고 생각합니다. 즉 우리 사회가 젊은 사회, 젊고자 하는 사회, 젊음을 중시하는 역동적인 사회이기 때문입니다.

이른바 꼰대적 행동를 하는 구세대와 구세대의 특정 행동을 꼰대로 인식하는 신세대가 있다고 할 때, 꼰대 문제는 오히려 후자의 요인이 강합니다. 구세대조차도 꼰대이면 안 된다는 의식을 자연스럽게 받아들이는 식입니다.

가끔씩 젊은이들이나 청소년들을 향해서 '훈계'하려고 하는 저를 보면서, 잘못하면 제가 이른바 '꼰대'가 되겠구나 하는 생각을 하곤 합니다. 집에서도 아들들에게 '화장지 적게 써라', '야채와 과일 많이 먹어라' 등등 잔소리를 달고 삽니다.

그렇게 훈계하다보면 자기들이 시행착오를 하면서 깨달아가는 것이지 훈계로 바뀌는 것이 아니라고 반추하면서 절제하기도 합니다. 그래서 아이들에게 사정(?)해가며 한 달에 한 번 정도 맥주라도 한잔하면서 이야기를 나눠보려고 노력합니다.

아버지, 몹시 그립습니다

저는 아버지를 생각하면 언제나 죄송한 생각이 듭니다. 어버이 날이 되니 더욱 그런 기억들이 주마등처럼 떠오릅니다. 큰 죄송함도 있지만, 작은 죄송함들이 더 많이 생각납니다.

얼마 되지는 않았지만, 처음으로 아르바이트를 하고 월급을 받은 후에(나중에 첫 월급을 받았을 때도) 선물 하나 사드리지 않고 넘어갔던 일, 고등학교 때 서울에서 유학하던 시절 '아버님 전상서'로 시작되는 편지에 두 줄 정도 계절 인사를 하고 나면, 따뜻한 말 한마디 전하지 않고 무심하게 바로 '다름이 아니옵고 용돈이 떨어졌으니 용돈 보내주세요'라고 썼던 일, 좀 살만해진 이후에도 세심한 생각을 못해서 해외여행 한 번 못 보내드린 것, 더 어린 시절에는 주말에 집에 와서 월요일 아침에 다시 객지로 직장생활을 떠나는 아버지 뒤를 따라가며 졸라서 용돈을 받아낸 일, 너무 무심한 나머지 시외전화 너머로 아버지 건강 안부 한 번 따뜻하게 물어보지 았았던

태어난 집은 달라도 배우는 교육은 같아야 한다

일…… 등등 너무 많은 죄송한 일들이 생각납니다.

　　해방 이후 전근대와 근대가 착종되면서 가족관계가 특수할 수밖에 없었던 한국에서 아버지와 아들의 관계란 대개 투박하고 서툴기 마련이었습니다. 그럼에도 불구하고 돌아보건대 아들로서 저는 아버지에게 그저 이기적인 철부지였던 것 같습니다. 그 시절로 돌아갈 수 없는 지금, 깊은 회한과 더불어 마음이 너무 아립니다. 오늘만 날인 것은 아니겠지만, 어버이날을 빌어 가슴 먹먹히 불러봅니다.
　　"아버지, 몹시 그립습니다."

20년 만에 한을 푼 어머니가 한 말

"아들이 해보고 싶은 거 못 해보고 죽었는데 다음 생에는 부잣집에 태어나 바라는 것 많이 이뤘으면 합니다."

"지(아들)가 죽고 나서 (진범 단죄를 하기까지) 여러 사람들에게 도움을 받은 것처럼 훌륭하게 자라서 우리처럼 어려운 사람들 도와줬으면 좋겠습니다."

이 말은 '이태원 살인사건'의 범인으로 몰렸다가 20년 만에 무죄 판결을 받은 아들의 어머니가 한 말입니다. 우리 시대를 사는 많은 힘없는 어머니들의 마음을 대변하는 것이 아닌가 하는 생각이 듭니다.

먼저 가정형편이 넉넉하지 못해서 자식에게 하고 싶은 것을 맘껏 못 해주었는데, 다음 생에는 부잣집에서 태어나서 하고 싶은 것 하면서 잘 살라는 말씀을 하셨습니다. 사실 이 말은 지금의 이 불

태어난 집은 달라도 배우는 교육은 같아야 한다

평등과 경제적 어려움 속에서 살아가는 대다수 어머니들의 한 맺힌 말이기도 할 것입니다. 그래서 절로 숙연한 마음이 듭니다.

그런데 어머니는 또 한마디를 덧붙였습니다. 이는 또 다른 깊은 울림을 주었습니다. 진범 단죄에 도움을 준 많은 분들을 생각하면서 다음 생에는 어려운 사람을 도와주는 생을 살았으면 좋겠다는 것입니다.

짧지만 이 두 마디 말 속에서 저는 공감과 희망을 느꼈습니다.

총격범을 온몸으로 저지한 아버지

미국 오리건 주 로즈버그의 엄프콰 커뮤니티 칼리지(UCC)에서 총격 소리가 잇따라 들렸을 때, 그 학교 학생 크리스 민츠(30세) 씨가 떠올린 첫 생각은 '다른 사람들을 보호해야겠다'는 것이었습니다. 그 순간 그는 여섯 살 난 자신의 아들 타이릭을 떠올렸습니다. 육군 복무 경력이 있는 민츠 씨는 도서관으로 뛰어가서 경보를 울렸으며, 사람들을 붙잡고 빨리 피신하라고 알린 후 총격이 발생한 건물로 다시 달려갔습니다.

총격범 크리스 하퍼 머서(26세)가 한 강의실에서 10여 명을 쏘고 나서 그 옆 강의실로 들어가려는 것을 본 민츠 씨는 강의실 문을 닫고 머서가 들어가지 못하도록 막았습니다. 머서는 자신의 앞을 가로막는 민츠 씨를 세 차례 총으로 쐈습니다. 바닥에 쓰러진 민츠 씨는 머서를 올려다보면서 "오늘이 내 아들 생일"이라고 말했으나 머서는 무자비하게 그를 네 차례나 더 쐈습니다.

현장에 도착한 경찰이 머서를 사살한 후에야 민츠 씨는 병원으로 옮겨졌고 장장 6시간 반 동안 수술을 받았습니다. 몸에 박힌 총알 일곱 발을 제거하고 부러진 두 다리를 접합하는 대수술이었습니다. 그는 병원에 입원한 후에도 "사람들이 죽었다"며 울음을 터뜨리는 등 다른 이들의 안위를 생각했다고 합니다.

사건 다음날인 2일 아침, 입원 중인 민츠 씨는 ABC방송과의 통화에서 "다른 사람들이 모두 괜찮았으면 좋겠네요. 걱정이 됩니다"라고 말했습니다. 그는 윗등, 복부 등에 중상을 입었으나 다행히 치명적 부위에는 총을 맞지 않았다고 합니다. 다만 오랜 기간에 걸쳐 치료와 재활훈련을 받아야만 다시 걸을 수 있다고 합니다.

미국 언론매체와 네티즌은 민츠 씨를 '미국의 영웅'으로 칭송하고 있습니다. 그의 페이스북에는 용감한 행동에 찬사를 보내며 빠른 쾌유를 비는 글들이 넘쳐나고 있습니다.

아침 신문에서 기사로 접한 사연이지만, 저도 어느새 나이가 들고 부모가 되어서 그런지 눈가에 촉촉한 눈물이 맺혔습니다. 매번 총기난사 사건으로 아이들과 학생들이 희생되는데도 총기규제를 못하는 미국사회의 '후진성'과 총알을 7발이나 맞고도 온몸을 던져 더 이상의 희생을 막아낸 '의지의 미국인'의 희생정신도 대단한 일입니다. 하지만 저는 총알을 3발 맞고도 아들의 생일을 마음에 새기고 "오늘이 내 아들 생일"이라고 총기 난사범에게 외치는 '아버지'의 지극한 아버지다움에 더 큰 감동을 받았습니다.

'하늘나라 우체통'에 보내는 편지

봄날의 햇살은 따사롭고, 세월호를 기억하는 이들의 마음에 새겨진 노란리본은 더욱 짙어져 갑니다. 세월호 2주기를 며칠 앞두고 세상에서 가장 슬픈 팽목항의 '하늘나라 우체통'에 다시 왔습니다. 아버지로서의 마음과 교육감으로서의 다짐을 편지 한 장에 담아 모든 잡다한 일을 내려놓고 이곳에 왔습니다.

그날의 아픔은 2년이 흐른 오늘도 여전히 완성되지 못한 퍼즐 조각처럼 흩어져 있습니다. 300여 명 꽃다운 학생들의 희생이 우리의 역사 속 안타까운 사건 중 하나로 남지 않도록 우리가 무엇을 해야 할 것인지를 생각합니다.

꿈을 제대로 펼쳐보지도 못하고 사라져간 어린 생명들을 마주하고 나서야 우리 어른들은 반성하고 깨달음을 얻었습니다. 세월호의 슬픔과 부끄러움은 이제 우리 교육에 있어서 변화의 시작이자 반성의 기준이 되어야 합니다.

태어난 집은 달라도 배우는 교육은 같아야 한다

세월호 2주기를 며칠 앞두고 팽목항의 '하늘나라 우체통'에 다시 왔습니다.
반성하는 마음으로, 속죄하는 마음으로 새로운 교육을 향해서 나아가겠습니다.
지금의 깨달음이 '사람이 먼저인 교육', '안전한 교육'을 만드는 행동의 변화로
이어질 수 있도록 더욱 최선을 다하겠습니다.

그런 면에서 저는 세월호 이후 우리 교육은 달라져야 한다는 생각입니다. '모든 아이가 행복해지는 교육'이어야 하며, 그것이 실현되도록 하는 것이 교육감으로서 저의 소임이라고 말해 왔습니다.

희생된 아이들의 꿈이 다른 방식으로나마 살아 돌아올 수 있도록 1등만이 아니라 모든 아이들의 개성과 잠재력을 꽃 피울 수 있는 교육, '살림의 교육'으로의 변화가 필요합니다.

세월호 2주기에 즈음하여 우리의 교육과 안전에 대한 감수성은 세월호 이전보다 얼마만큼 더 깨어났을까를 생각해 봅니다.

그날, 기울어져 가는 배 안에 그저 '가만히' 있어야 했던 아이들의 못 다한 외침을 좌표로 삼아 서울교육은 더욱 힘차게 나아가야 한다고 다시 한 번 다짐해 봅니다. 다시는 세월호와 같은 일이 생기지 않도록 서울시교육청은 학생, 학부모, 교사, 시민과 함께 행동하고 변화해 나갈 것입니다. 그리하여 희생된 아이들 한 명, 한 명의 못 다 이룬 꿈이 세월호 이후 달라진 한국교육에서 실현될 수 있기를 소망합니다. 그것을 저는 4.16 교육체제라고 부르고 싶습니다.

반성하는 마음으로, 속죄하는 마음으로 새로운 교육을 향해서 나아가겠습니다. 지금의 깨달음이 '사람이 먼저인 교육', '안전한 교육'을 만드는 행동의 변화로 이어질 수 있도록 더욱 최선을 다하겠습니다.

팽목항 앞바다를 바라보고 있자니 마음이 너무 아파 몸을 가누는 것조차 힘이 듭니다. 마치 때가 되었으니 의례적으로 찾아오는 손

태어난 집은 달라도 배우는 교육은 같아야 한다

님처럼 보일까 걱정도 되고 부끄럽기도 합니다.

내년에는 조금은 더 떳떳한 마음으로 올 수 있게 되기를 빌어봅니다. 그만큼 서울로 돌아가면 할 일이 많을 것 같습니다. 오늘만 4월 16일이 아닌, 1년 365일 매일 매일이 4월 16일이라는 마음으로 살아가겠습니다.

-2016년 4월 14일

차라리 내 아들이었으면……

목포신항에 와 있습니다. 세월호 선체와 가장 가까운 이곳, 컨테이너에서 생활하시는 세월호 미수습자 가족들을 뵈었습니다. 조은화·허다윤·남현철·박영인·고창석·양승진·권재근·권혁규(아들)·이영숙 선생의 가족 분들이 인양 이후 시신 수습이 빠르게 진행되지 않고 있는 데에 대한 안타까움을 한스러운 언어로 풀어놓으셨습니다. 저는 그저 "예, 예"라고만 할 뿐 다른 위로의 말씀을 드릴 수가 없었습니다. 그에 앞서 유가족 분들을 뵈러 가는 길에 제 시선을 붙잡았던 플래카드 문구가 더욱 아프게 제 가슴에 와 박혔습니다.

"그때 당시에는 내 아이가 아니어서 / 그때는 너무너무 좋았는데 / 내 아이가 아니라서 / 근데 지금은 차라리, 차라리 그때 그게 내 아들이었으면……."

긁히고 일그러지고 떨어져 나간 세월호의 선체를 가까이서 바

태어난 집은 달라도 배우는 교육은 같아야 한다

라봤습니다. 인간과 환경보다 이윤을 중시하는 우리 기업의 행태, 불법개조 등 편법을 일삼은 안전불감증과 편의주의, 배를 버리고 달아난 선장이 보여준 리더의 가증스러운 무책임성, 나아가 참사 이후의 조사-진상규명-인양이라는 일련의 과정에서 부끄러운 맨 얼굴의 대한민국을 마주했습니다. 그런데도 그 모든 것을 안고 세월호 선체는 무심한 듯 가만히 누워있을 뿐입니다.

이곳 목포신항에서 세월호의 학생들, 그리고 마지막 순간까지 아이들을 보호하며 책임감을 보여준 선생님들을 기억하며, 새로운 사회와 새로운 교육을 만드는 일에 더욱 진력을 다하겠노라 다시 한 번 마음을 먹었습니다.

세월호 희생자들의 평안한 안식과 미수습자들의 조속한 귀환을 기원합니다.

-2017년 4월 13일

세월호 3주기 단상

그런 '봄'이라면

노란 리본 가득한 분향소가 세 번째 봄을 맞았습니다. 3년 전 세월호와 함께 침몰했던 진실과 민주주의, 그리고 미수습자 분들과 함께 노란 빛의 새로운 대한민국을 꿈꿀 수 있는 봄이라면 좋겠습니다. 봄이 왔다 물러나듯 우리의 아픔도 봄과 함께 물러날 수 있다면 좋겠습니다.

추도식에서 만난 학생들이 말했습니다. "학생들이 안전하게 수학여행을 다닐 수 있는 사회를 만들어주세요."

세월호 사건을 교훈으로 삼아 더 안전한 사회, 더 안전한 교육이 꽃피는 봄이 오도록 최선을 다하겠습니다.

세월호의 아픔과 고통을 새로운 사회와 교육을 만드는 에너지로 승화시키는 일, 우리에게 주어진 세월호 사건 '이후'의 과업들입니다. 그중 하나가 '4.16 안전공원' 건립입니다. 세월호 선체가 고스란히 보존되는 그곳을 상상해 봅니다.

모든 아이들은 특별한 존재입니다

시험을 망친 자폐학생에게 보낸 선생님의 편지가 사회적 네트워크서비스(SNS)를 통해 세상에 알려지며 잔잔한 감동을 주고 있습니다. 영국 랜스배리브릿지 특수학교의 교사 클락슨이 자폐증을 갖고 있는 학생 벤 트위스트에게 쓴 편지입니다. 다섯 살 때부터 자폐증을 앓기 시작한 벤은 올해 초 학업성취평가시험(SAT)을 치렀고, 모든 과목에서 낙제했습니다. 하지만 선생님이 벤에게 써준 편지는 감동 그 자체였습니다.

"SAT시험을 성공적으로 잘 마친 것을 축하한다. 하지만 시험은 너와 너의 능력 중 아주 일부분을 평가하는 수단에 불과하며, 너는 (시험이 평가할 수 없는) 수많은 능력과 재능을 갖고 있으며, 그동안 충분히 잘해왔다는 사실이 더욱 중요하다."

이어 "시험은 너의 예술적 재능, 팀을 꾸려 함께 협업하는 능력, 무럭무럭 성장하는 독립심, 친절함, 의견 표현력, 친구를 사귀고 잘 어울리는 능력 등을 평가하지 못할 것"이라면서 벤이 갖고 있는 장점들을 조목조목 적어놓았습니다.

실제 랜스배리브릿지 특수학교에서 매년 SAT 시험을 치를 수 있는 수준의 학생들은 몇 명 되지 않습니다. 특히 올해 이 학교에서 SAT시험을 치른 학생은 벤이 유일했습니다. 벤의 엄마는 "나 역시 벤이 시험에서 좋은 성적을 거둘 것이라 기대하지 않았고, 시험에 도전했다는 사실, 그리고 시험을 무사히 치렀다는 사실만으로 무한히 자랑스럽다. 그런데 이 편지는 지금까지 봤던 수많은 편지글 중에서 가장 아름답고 감동적이었다"면서 자신의 SNS에 편지 내용을 올렸습니다.

클락슨 선생님이 SAT시험에 떨어진 학생에게 편지를 보냈듯이 저도 서울의 학생들에게, 특히 시험에 떨어진 학생들에게 정말이지 시험은 우리 아이들이 지닌 능력의 지극히 일부만을 평가할 뿐이라는 점을 강조하면서 이렇게 말하고자 합니다.

"특별하지 않은 꽃이 없듯이 모든 아이들은 특별한 존재입니다."

교육에 무심한 아빠, 걱정 많은 엄마

    우리의 교육현실을 이야기하면서, "아이들이 좋은 대학에 가려면 할아버지의 재력, 아빠의 무관심, 엄마의 정보력이 필요하다"는 우스갯소리를 많이 합니다. 실제 종종 기사로 나기도 합니다.

    물론 일정한 설득력이 있기는 합니다. 특히 자녀 교육 방식을 두고 아빠와 엄마의 의견대립과 갈등은 거의 대부분의 가정에서 다반사로 벌어집니다.

    정책을 담당하는 입장에서, 저는 기사에 나타난 '엄마의 걱정'에서 정보전에 뛰어든 엄마, 아이를 닦달하는 엄마를 보면서 엄마가 이런 걱정을 하지 않도록 하는 교육 여건을 만들어야 한다는 의무감을 느낍니다. 그리고 '무심한 아빠'의 생각 속에 내재되어 있는 긍정적인 생각들이 확산될 수 있는 교육 여건을 만들어야지 하는 다짐을 해봅니다.

책은 책이다!

　고대 알렉산드리아의 도서관은 세계 어느 곳에서 나온 책이든 다 수집하고자 했으며, 심지어 입항한 화물선에서조차 새로운 도서가 발견되면 정성껏 필사본을 만들어 비치했다고 합니다. 도서에 대한 이런 열정이 도서관의 기본 정신이자 태도라고 저는 생각합니다.

　저는 '책은 책이다'라는 생각에서, 보수적인 관점에서 쓰인 책이나 진보적인 관점에서 쓰인 책이나 가릴 것 없이 다양한 관점의 책들이 도서관에 풍부하게 비치되어야 하며, 그 장서들을 읽는 우리들의 시각 또한 어떤 관점으로도 획일화될 필요가 없이 다양한 시각과 다양한 위상에서 학습과 교수 자료로 활용되는 것이 바람직하다고 보고 있습니다.

　더구나 3.1절 97주년을 맞이하는 오늘의 시점에서 학교 도서관에 《친일인명사전》 한 질을 구비하는 것이 이토록 세상을 시끄럽게 만들 정도로 논란이 되는 작금의 현실은 안타깝기를 넘어서 서글프기까지 합니다.

　　　　태어난 집은 달라도 배우는 교육은 같아야 한다

그럼에도 『친일인명사전』의 비치를 마무리할 수 있게 된 것은, 최근 화제가 되고 있는 영화 〈동주〉와 〈귀향〉 등에 보여준 시민들의 뜨거운 반응에서 나타난 바와 같이, 아직도 청산되지 못한 부끄러운 역사에 대한 공분과 그때의 아픔에 대한 공감이 광범위하게 존재하기 때문이라고 생각합니다.

아이를 키우는 것과 나무 키우기

　건강한 뿌리를 가지고 있는 나무는 때가 되면 무성한 잎과 예쁜 꽃을 피우고 탐스러운 열매를 맺습니다. 건강하고 튼튼한 뿌리를 키우는 시기가 바로 '유아기'이며, 유아교육의 중요성을 여기에서 찾을 수 있습니다. 우리 어린이들의 무한한 가능성과 잠재력을 믿고, 차근차근 성장해 나갈 수 있도록 기다려주고, 사랑과 관심을 충분히 쏟는다면 우리 어린이들이 뿌리가 튼튼한 미래사회의 주인공으로 잘 자랄 수 있지 않을까요? 그래서 '아이를 키우는 것은 나무를 키우는 것과 같다'는 말을 합니다.

　병설에서 단설로 새로 태어난 이문유치원의 개원을 축하드리러 간 자리에서, 아이들이 직접 그린 초상화와 편지를 선물로 받았습니다. '좋고 행복한 유치원, 매일 바깥놀이 하는 유치원을 위해 일해주세요', '우리를 기억해주세요'라는 내용이었습니다. 집무실에 놓고 서울의 모든 유치원을 '좋은 유치원, 행복한 유치원, 매일 바깥놀이 하는 유치원'으로 만들겠다는 마음을 다시 한 번 다잡았습니다.

초등학교에 1년 일찍 입학했다가……

입학 시즌을 맞으니, 초등학교 1학년 때의 일이 떠오르네요. 지금도 생각하면 절로 웃음이 납니다.

저는 시골에서 초등학교를 다녔습니다. 당시에는 1년 일찍 학교에 들어가려는 경향이 있었는데, 저희 고모님이 초등학교 교사여서 저도 일곱 살에 입학을 했습니다.

입학 첫날 선생님이 '화장실에 갔다 오라'고 하시더군요. 그런데 말입니다, 저는 '화장실'은 우리 집에만 있는 것으로 생각했던 겁니다. 열심히 걸어서 집에까지 와서 화장실에 갔습니다. 그랬더니 부모님께서 웃으면서 이렇게 말씀하셨습니다.

"내일부터는 학교에 안 가도 된다."

무슨 상황인지 재빨리 이해되시는 분들도 계실 텐데, 저를 1년 일찍 학교에 보내려 했던 부모님께서 그 모습을 보고 '아직 안 되겠구나' 하고 생각하신 겁니다. 그래서 다음 날부터는 학교에 가지 않아도 된다고 하신 것이지요.

초등학교 신입생 여러분, 많이 떨리고 긴장되겠지만 지금까지 여러분을 아끼고 사랑해 주셨던 어린이집이나 유치원 선생님만큼 계속해서 여러분들을 보듬고 사랑해 줄 초등학교가 기다리고 있습니다. 두근거리는 마음으로 즐거운 마음으로 학교 갈 날을 기다려주세요!(그런데, 예비 초등학교 친구들이 제 글을 볼지 모르겠네요.ㅎㅎ)

태어난 집은 달라도 배우는 교육은 같아야 한다

어린이날을 축하하며

사랑하는 어린이 여러분!

여러분 한 사람, 한 사람은 세상에 단 하나뿐인 정말 소중한 존재랍니다.

어린이들이 행복하게 웃으면 세상이 환해지는 것 같아요.

저는 교육감이 되고 나서 참 놀랍고 행복한 경험을 했답니다.

어린이 친구들이 저에게 이런 얘기들을 해주었기 때문이에요.

"학교에서 쉬는 시간을 늘려주세요."

"친구들과 재미있게 놀고 싶어요."

"따돌림 없이 모두 친하게 지내고 싶어요."

"재미있는 체험활동을 많이 하고 싶어요."

어린이 여러분들의 바람이 제가 평소 품고 있던 생각과 너무 비숫하다는 것을 알고 깜짝 놀랐답니다.

그래서 귀를 더 활짝 열고 여러분의 의견을 열심히 들으려고 해요.

그리고 여러분의 바람이 꼭 이루어지도록 노력하겠다는 약속을 할게요.

태어난 집은 달라도 배우는 교육은 같아야 한다

예쁘지 않은 꽃은 없다

오월의 나무들처럼 매일매일 키가 크고, 마음이 자라는 어린이 여러분!

어린이날을 축하합니다!

날씨가 더워졌지요? 더위 속에서도 땀을 뻘뻘 흘리며 신나게 노는 여러분들을 생각하면 절로 웃음이 나오네요.

저도 초등학교 때는 하루 종일 뛰놀던 개구쟁이였어요. 하지만 함께 뒹굴던 친구들이 있어서 어려운 일이 생겨도 다 이겨낼 수 있었던 것 같아요.

저는 얼마 전에 『엄마, 나를 포기하세요!』라는 동화책을 읽었어요. 초등학교 2학년 달군이는 학원, 숙제, 시험 때문에 늘 친구와 비교 당하고 잔소리를 듣느라 너무 힘들어 해요. 그래서 차라리 엄마가 자신을 포기했으면 좋겠다는 생각을 하지요.

저는 우리 어린이들이 달군이처럼 억지로 하는 공부 때문에 힘들지 않았으면 좋겠어요. 여러분의 초등학교 시절이 가장 신나고 보람될 수 있도록 저와 선생님들이 힘껏 도울게요.

여러분이 제각각 다른 빛깔과 모습으로 자기 꽃을 쑥쑥 피워가길 바라며, 마음을 담은 시노래 한 편을 선물로 보냅니다.

예쁘지 않은 꽃은 없다

꽃은 참 예쁘다.
풀꽃도 예쁘다.
이 꽃 저 꽃 저 꽃 이 꽃
예쁘지 않은 꽃은 없다.

-이창희 시, 백창우 곡, 섬진강 가 마암분교 아이들의 시집에서

세상에서 가장 소중한 존재
-학생 여러분께·1

위대한 예술가 미켈란젤로가 바위덩어리를 쪼고 있을 때 누군가가 물었습니다.

"무엇하러 그런 흉한 바위에 시간을 낭비하는 겁니까?"

미켈란젤로는 이렇게 대답했다고 합니다.

"이 바위 안에 갇혀 있는 천사를 보았습니다. 그 천사를 꺼내려고 애쓰는 중입니다."

학생 여러분!

여러분 한 사람, 한 사람은 이 세상에서 단 하나뿐인 가장 소중한 사람입니다. 다듬어지지 않은 자신의 바위 속에 천사와 위대한 인물이 들어 있습니다.

자신 속에 숨어 있는 좋은 점을 찾아 하루 한 가지씩 칭찬해 주면 어떨까요? 생각보다 훌륭한 점이 많다는 것에 스스로도 놀라게 될 것입니다. 세상에서 가장 소중한 단 하나뿐인 존재Only One, 바로 학생 여러분입니다.

태어난 집은 달라도 배우는 교육은 같아야 한다

'교복입은 시민'이라는 슬로건
−학생 여러분께·2

얼마 전, 학생자치활동 우수사례 발표회에서 감동의 박수를 받은 어느 고등학교 학생들은 '학생참여예산'을 받아 동아리를 만들고 노인들께 스마트폰 활용 교육을 시작했습니다. 매주 학생들을 기다리는 할머니, 할아버지를 생각하면 무엇과도 바꿀 수 없는 시간이었다고 합니다.

"그전까지는 제가 쓸모없는 존재라고 생각했어요. 이젠 더 이상 그렇게 생각하지 않아요."

게임에만 빠져 지내던 한 친구는 이렇게 바뀌었다고 스스로 말했습니다. 학생들을 믿고, 일을 저지르도록 격려한 결과입니다. 바로 학생자치의 힘입니다. 또한 '교복 입은 시민'이라는 슬로건이 이렇게 아이들의 삶에 구체적인 모습으로 실현되어 갈 수 있는 것은 지도교사의 힘이 바탕이 되었다는 것을 저는 잘 알고 있습니다.

학교는 사회입니다. 민주주의를 배우는 곳이 아니라 민주주의자가 되는 곳입니다. 민주시민성을 배우는 곳을 넘어 협력적 인성을 가진 민주시민으로 생활하는 곳이어야 한다는 것을 현장에서부터 보여주고 있는 이런 변화들에서 저는 희망의 싹을 봅니다.

존경하는 김진균 선생님

누구나 존경하고 좋아하는 선생님이 있을 것입니다. 저에게도 대학 때 은사인 김진균 선생님이 계십니다. 김진균 선생님이 전두환 정권 시절이던 1980년에 해직된 이후 저도 '김진균 사단'의 일원이 되어 비판적 학술운동가로 출발하게 된 인연이 있습니다..

저는 가끔 존경하는 선생님이 있느냐는 질문을 받으면, 1초도 주저하지 않고 김진균 선생님을 이야기합니다. 요즘 생각해보면 1초도 주저하지 않고 이야기할 수 있는 선생님이 있다는 것은 정말 행복한 일인 것 같습니다. 노동운동과 시민운동의 든든한 버팀목이 되어 어렵게 싸우던 많은 분들의 벗이 되어주었던 김진균 선생님의 제자로서 저는 '리틀 김진균'으로 살아가기를 다짐하곤 합니다.

김진균기념사업회 10주년 기념식에서 초중등교육이 발전하는 것은 바로 존경받는 선생님들이 많이 나오고, 선생님을 존경하는 학생들이 많아지는 것, 그런 관계가 학교에서 차고 넘치는 것이 아닐까 생각해 보았습니다.

"아프세요? 저도 아픕니다!"

서울 초중등교육을 총괄하는 저는 우리의 교육 현실을 앞으로 어떻게 바꿀지 고민할 때가 많습니다. 〈동아일보〉에 실린 금수저-흙수저 논란에 대한 칼럼이 적절히 표현한 것처럼 돈 많은 할아버지나 첩보원 같은 엄마가 없는 수험생도 교사와 함께 열심히 하면 어떤 전형으로든 상위권 대학에 응시할 수 있는 입시제도가 만들어지면 좋겠습니다.

사실 논술과 학생부 종합전형 그리고 다양한 특별전형 등도 처음에는 좋은 취지로 만들어졌지만 결국 금수저-흙수저 논란에서 자유롭지 못한 것이 우리의 교육 현실입니다. 칼럼에도 쓰여 있지만 어지간한 투자 없이는 꿈도 못 꾸는 특기자 전형에 좌절하고 자율 동아리 활동에 막막해하는 수험생의 박탈감이 현존하는 것도 사실입니다.

그런데 사실 요즘 교사는 우리 사회의 최고의 지적 능력을 가지고 있는 분들이 종사하는 직업입니다. 교대나 사범대가 최고의 입시

커트라인을 자랑한 지도 오래되었습니다.

일단 저는 현존하는 질서 내에서라도 첫째, 칼럼에서 언급한 것처럼 '교사의 역량을 키우고 평가하는 시스템'이 필요하다고 생각합니다. 서울시교육청도 평가 자체보다도 교사의 역량을 키우기 위해 교사 연수에서부터 교원학습공동체 지원 등 다양한 방법으로 노력하고 있습니다.

둘째, 더 나아가 저는 이런 현실을 조금이라도 완화하려면 교사의 '열정'이 필요하다고 생각합니다. 외고−자사고−특목고뿐만 아니라 일반고의 선생님들도 최고의 능력을 가진 분들입니다. 수직 서열화된 고교체제 때문에 '선발효과'에 기대지 않은 학생들을 가르치지만, 선생님 자신의 뜨거운 열정으로 '교육효과'를 만들어내는 선생님들이 필요합니다.

셋째, 또 저는 요즘 '상위권 대학'으로 표현되는 대학의 학벌 및 대학서열 자체의 일정한 개혁이 필요하다고 생각합니다. 이미 기업들은 대학의 서열과 학벌을 중시하지 않습니다. 그러나 학부모들은 지푸라기라도 잡는 심정으로 '그래도 도움이 되지 않을까' 하는 생각에 어떻게든 상위대학에 아이들을 들여보내려는 전쟁을 감수합니다. 그것은 역으로 낡아버린 대학 서열과 학벌의 가치를 유지해주는 식으로 작동하고 있습니다.

칼럼을 읽으며, 저도 학생들에게 이렇게 묻고 자답합니다.

"아프세요? 저도 아픕니다!"

야구 감독과 학교 선생님의 같은 점

'야신'을 빼고는 한국야구의 역사를 말하기가 어렵겠지요? 김성근 전 한화감독께서 서울시교육청에 들르셨기에 담소를 나누었습니다. 지도하고 있는 운동부 학생선수들도 함께 와서 이야기를 나누었습니다.

멀리서 '바라만 보던' 야신을 가까이서 뵈니, 제가 다니던 고등학교 야구부가 봉황기(?)였던가, 결승전에 올라 학교에 '난리'가 난 기억이 났습니다. 그때 공부는 제쳐두고 거의 모든 친구들이 응원하러 다니기 바빴던 기억이 떠올랐습니다.

이제는 학교에서 학생선수들을 지도하고 있는 김 감독을 뵈니, 감독과 선생님의 공통점이 뭘까 하는 생각이 떠올랐습니다. 감독은 감독의 사명감으로 선수의 잠재력을 발견하고, 이를 최대한 실현할 수 있도록 가르치는 사람입니다. 선생님도 그런 존재이지요.

감독의 인내와 선생님의 인내에 대해서도 생각해보았습니다. 감독은 선수가 최대로 성장할 때까지 인내하며 기다려야 하는데 요즘은 너무 쉽게 포기해 버린다는 이야기를 들으면서, 선생님의 사명에 대해서도 다시 생각했습니다.

"쓸모없는 선수는 없고 모든 선수는 나름대로 장점이 있는데, 리더가 부족해서 그걸 발견하지 못한다."

김 감독의 이야기를 들으면서, 혹여나 우리 교육이 아이들의 다양한 잠재력을 발견하고 키워가는 치열함이 약해진 것이 아닐까 하는 생각을 해봅니다. 김성근 감독과 직접 대화를 나누어보니 말씀하시는 것은 거의 철학자나 시인 수준이었습니다.

"선생님처럼 되고 싶어요"

-존경하는 선생님들께·1

스승의 날입니다.

우리 사회의 주인공인 아이들과 만나고 계신 선생님들, 우리 아이들의 인생에 가장 '결정적 한 사람'인 선생님들의 자부심과 무게감이 더욱 새롭게 다가오는 날입니다.

얼마 전에 선생님들을 대상으로 한 설문 결과를 접했습니다. 스승의 날에 학생들로부터 가장 듣고 싶은 말이 바로 "선생님처럼 되고 싶어요"라는 말이라고 했더군요. 또 '학생들과 마음이 통할 때' 가장 보람을 느낀다고 하셨더군요.

저는 이 말씀이야말로 세상에서 가장 소박하지만 가장 위대한 소망이라고 생각했습니다. 아이들을 바르고 지혜롭고 너그러운 사람으로 키우기 위해 스스로 거울이 되려 하는 아름다운 노력에 절로 고개가 숙여졌습니다.

사실 스승의 날을 마냥 기쁘게 맞을 수 없는 게 교육 현장이라는 얘기를 듣습니다. 임용고시 경쟁률과 명예퇴직 경쟁률을 동시에 보며, '교사의 자리'가 직업 선호도 최상위, 직업 만족도 최하위인 아이러니한 자리라는 말도 듣습니다. 하지만 여전히 우리 선생님 한 분, 한 분은 우리 아이들의 미래에 가장 지대한 영향력을 행사하는 '결정적 한 사람'이십니다.

돌아보면, 선생님의 "힘내!"라는 한마디는 세상의 그 어떤 말보다 힘 있는 마법의 주문이었다는 생각이 듭니다. 선생님들의 정성어린 마법으로 훌륭하게 성장한 수많은 사람들이 곳곳에서 사회의 기둥이 되고 있습니다. 지금도 아이들은 선생님의 사랑을 먹고 건강하고 착하게 쑥쑥 자라고 있습니다. 그 모든 사람들의 마음을 모아 감사와 존경의 인사를 드립니다.

"선생님, 감사합니다."

청렴정책은 낡은 문화를 바꾸는 운동
-존경하는 선생님들께·2

　우리 사회에서 '학교'는 시민들이 가장 높은 기대치를 가지고 지켜보는 곳입니다. 그동안 선생님들의 꾸준한 노력으로 학교현장에서 촌지는 거의 사라졌다고 해도 좋을 정도로 줄었습니다. 하지만 학부모 입장에서는 '혹시 다른 학부모가 촌지를 주지 않을까, 그로 인해 내 아이가 불이익을 받는 일은 없을까'라는 불안감을 완전히 버리지 못한 것 또한 사실입니다. 대부분이 소문이나 과거의 경험담에 근거한 막연한 불안감이지만, 이런 불신의 '문화'가 사라지는 데는 더 많은 시간이 필요할 것입니다. 또한 우리 정서에 학교에 '빈 손'으로 가면 아직도 약간 쑥스럽게 여겨지는 '문화'가 있는 것도 사실입니다.

　선생님들도 실제 학교 현실과는 상당히 동떨어졌지만 여전히 존재하는 사회적 불신이 답답하실 것입니다. 이런 분위기 때문에 꼭 필요한 경우에도 학부모 상담을 요청하기가 망설여진 적도 있으셨을 것입니다. 학부모들께 적극적으로 학교 교육활동 참여하시라고 권장하는 것이 부담스럽기도 했을 것입니다.

저는 학부모가 고민 없이 편하게 학교를 방문할 수 있는 사회 분위기를 만들고 싶습니다. 선생님들이 학부모에게 원하는 것은 아이들과 교육에 대해 함께 고민하고 협력하는 마음이라는 것을 제대로 알리고 싶습니다. 이것은 곧 촌지나 선물에 대해 남아있는 '불신의 문화'를 '신뢰의 문화'로 바꾸자는 권유이기도 합니다.

저는 우리 교육과 학교를 살리는 힘은 선생님들께 있다고 믿고 있습니다. 선생님들이 시민들로부터 최고의 교육전문가라는 것을 인정받도록 하는 일, 선생님에 대한 관료적 통제와 간섭을 줄이는 일, 교육과정 편성권과 평가권한을 궁극적으로 선생님들에게 돌려드리는 일이 결국은 선생님들의 품격을 높이는 일이라는 것을 저는 명심하고 있습니다. 여기에 더해 선생님들의 권위가 침해받았을 때 신속한 법률적·행정적 지원을 통해 교권을 세우는 일과 아직 일부에 남아있는 불신의 문화를 바꾸는 것 또한 저의 의무일 것입니다.

그런 점에서 선생님들의 자긍심을 높이면서도 실효를 거둘 수 있는 청렴정책의 대안을 함께 고민하고 지혜를 모아 주시기를 부탁드립니다. 선생님들과 함께 실천하겠습니다. 학생들과 함께하는 매 순간들이 보람되고 행복하시기를 소망합니다. 또한 선생님들 모두 건강하시기를 진심으로 기원합니다.

－2015년 3월 27일

선생님들께 힘이 될 수 있다면
-존경하는 선생님들께·3

어느 새 아침저녁으로 바람이 서늘합니다. '매미 울음소리가 왠지 녹슬었다고 생각될 때 가을은 온다'로 시작하는 안도현 시인의 시가 마음에 와 닿는 걸 보니 정말 가을이 오나 봅니다. 시인은 '넥타이를 매고 싶어지고 옷장을 정리하고 싶어질 때', '아버지, 라는 말이 울컥해질 때' 가을은 온다고 했지요. 우리 선생님들의 가을은 어떻게 오고 있는지요?

저는 우리 교육과 학교를 이끌어나가는 힘은 선생님들께 있다고 믿고 있습니다. 모든 정책의 결정과 추진 과정에 선생님들의 목소리가 크게 반영되어야 한다는 생각은 언제나 확고합니다. 선생님들께 힘이 될 수 있는 일이라면 작은 부분도 놓치지 않고 세심하게 챙기겠습니다.

지난 1학기에는 메르스로부터 학교를 지켜내느라 선생님들의 노고가 참으로 크셨습니다. 그 덕분에 우리 아이들은 한 명의 피해도 없이 무사히 고비를 넘겼습니다. 낯선 감염병 앞에 작은 혼란도 있었지만 선생님들과 함께 이겨냈습니다.

생각해 보면 교육이란 아이들과 함께 배우며 성장하는 과정 그 자체인 것 같습니다. 110만 명의 아이들과 8만여 명의 선생님들이 서울교육을 만들어 가다 보면 수시로 시행착오와 시련이 발생하기도 하겠지만, 서로 격려하고 응원하면서 변화를 이루어 낼 것이라 믿습니다.

-2015년 9월 10일, 2학기 개강을 맞으며

태어난 집은 달라도 배우는 교육은 같아야 한다

교사를 춤추게 하라

－존경하는 선생님들께·4

『교사를 춤추게 하라』의 저자 우치다 타츠루는 배움의 문을 여는 암호가 '모릅니다. 가르쳐 주세요'라고 합니다. 저는 이 말이 참으로 인상 깊게 다가옵니다.

일을 하다 보면 매우 구체적이고 수많은 모르는 것에 맞닥뜨리게 되고 멈춰섭니다. 이때는 '물어볼 수 있는 사람'이 주위에 많다는 것이 큰 행운인 것 같습니다. 그런 의미에서 보면 교육전문가인 수많은 동료들과 함께 지내는 저와 선생님들은 모두 최고의 행운아인 것 같네요.

사실 우리의 삶은 배움의 여정인 것 같습니다 저도 교육청에서 일을 하면서, 비판을 받으면서, 또 시행착오를 겪으면서 매일매일 새로운 배움을 얻고 있습니다. 그렇기에 저도 막막한 문제에 맞닥뜨릴 때마다 여쭈어보기 위해 학교로 찾아가겠습니다. 매주 한 번씩 학교로 출근하겠습니다.

사실 제가 교육청에서 만드는 정책들도 완전한 것은 없습니다.

현장에서 실행되는 과정에서 선생님들의 손을 거치면서 점점 완결성을 가지게 될 것이라 생각합니다. 우리가 이렇게 함께해 나가면 오년, 십 년 후엔 더 이상 북유럽이나 다른 선진국들의 교육시스템을 부러워하지 않아도 될 것이라 믿습니다.

-2016년 3월 7일

태어난 집은 달라도 배우는 교육은 같아야 한다

이젠 꽃길만 걸으세요!

−어느 학교 졸업식에서

노원구 중계동에 있는 청암중학교는 학력인정 평생교육시설로, 가정형편이 어려워 배움을 멈춰야 했던 우리 어머니, 아버지들이 만학의 꿈을 펼치고 있는 학교입니다. 365명의 성인들이 졸업장을 손에 들고 졸업식장을 가득 메웠습니다.

40~50년 늦게 배움의 꿈을 이룬 졸업식은 정말 감동 그 자체가 아닐 수 없었습니다. 오늘에서야 받은 이 졸업장이 지난 세월의 회한을 어찌 다 담을 수 있을까요. 저는 기쁜 마음으로 축사를 하면서 이런 말씀을 드렸습니다.

"이 세상에는 먼저 배운 사람과 늦게 배운 사람 두 범주가 있습니다. 그런데 사실 늦게 배운 사람은 더 최근의, 더 새로운 지식을 배웁니다. 그에 반해 먼저 배운 사람들은 배운 지식의 거의 대부분을 잃어버리고 조금 남은 낡은 지식의 기억을 가지고 삽니다. 기독교 학교이기 때문에 한 가지 첨가한다면, 성경에 '먼저 된 자가 나중 된다'라는 말의 의미를 저는 이렇게도 해석해보았습니다."

무엇보다 졸업식의 하이라이트는 졸업생 대표의 감사의 말과 그 아들의 답사였습니다. 저는 어머니와 아들 사이에 오가는 대화를 들으면서 '아, 이 늦깎이 졸업생들의 졸업장은 뜨거운 가족애를 확인하고 따스한 사회인으로서의 출발을 알리는 것이구나!' 하는 생각을 했습니다. "엄마는 고등학교를 졸업하고 대학에 진학할 거다. 엄마는 꿈이 있단다"라는 졸업생 대표의 말, "이젠 제가 어머니의 든든한 후원자가 되겠습니다"라는 아들의 말을 떠올리면 지금도 가슴이 울컥합니다. 다소 길지만 두 모자의 글을 소개합니다.

졸업생 대표의 감사의 말 : 사랑하는 가족에게

먼저 사랑하는 당신께.

가난한 농가에서 태어나 초등학교를 중퇴한 나를 항상 안타까워하던 당신이 이곳, 청암중학교를 알아봐주고 직접 상담을 하여 나를 이끌어 주었지요. 설레기도 했지만 한편으로는 막막하기도 했는데, 그런 나의 옆에서 큰 힘이 되어주고 응원해준 당신 덕분에 검정고시를 거쳐 이렇게 중학교를 졸업하네요. 오전에는 학교를 다니고 오후에는 가게를 보며 쉽지 않은 2년이었지만 그래도 마음만큼은 정말 행복하고 즐겁게 학교를 다녔답니다. 이제 고등학교에 가서 공부하면 체력적으로 많이 힘들 거라며 12년 동안 해온 가게를 정리하고 공부에 집중하라는 당신이 있어 마음 한편으론 미안하면서도 참 든든하네요. 정말 고맙고 감사합니다.

그리고 사랑하는 우리 아들, 큰애야.

학습에 아무 도움이 못 되어준 엄마 밑에서 자란 네가 대학을 졸업하고 남들이 어렵다고 하는 직장에 취업하여 결혼도 하고, 보름 전에는 귀엽고 예쁜 손주까지 안겨주었지. 엄마가 공부한다고 했을 때 너희 부부가 참으로 기뻐하며 가방과 각종 학용품을 사온 생각이 난다. 그 가방을 메고 너희가 사준 학용품으로 공부하며 너희의 응원에 감사했단다. 또 엄마 생일날에 너희 부부가 말도 없이 학교에 찾아와 깜짝 선물을 하여 나뿐만 아니라 반 친구들의 마음까지도 훈훈하게 해 주었지. 그날의 감동을 엄마는 잊을 수가 없단다. 얼마나 고맙고 기쁘고 자랑스러웠는지 말로 표현할 수가 없구나.

그리고 둘째야.

요즘 취업하기가 어렵다는데 졸업과 동시에 며칠 전 취업하여 출근하는 네 모습을 보니 얼마나 마음이 든든하고 기쁜지 모르겠다. 엄마는 고등학교를 졸업하고 대학에 진학할 거다. 엄마는 꿈이 있단다. 그 꿈을 꼭 이룰 거야. 엄마는 항상 너희를 위해 응원하고 있으니 너희도 엄마의 꿈을 끝까지 응원해주렴. 그리고 이 자리를 빌어 정말 사랑한다고 말해주고 싶다.

마지막으로 우리를 위해 열과 성을 다하시고, 같은 내용을 물어봐도 열 번이고 스무 번이고 설명해주신 모든 선생님들께 진심으로 감사하다는 말씀을 드리고 싶습니다. 또 이 자리에 있는 친구들과 모든 졸업생들에게 졸업을 축하한다고 전하고 싶습니다. 감사합니다.

아들의 답사 : 사랑하는 어머니께

저희 어머니께서 일반 학생처럼 등하교하며 공부할 수 있는 환경을 조성해주시고, 저의 어머니를 포함하여 여기 계신 어머님, 아버님들의 잃어버린 학창 시절을 되돌려주신 추상욱 이사장님께 감사의 말씀을 드립니다. 또한 이런 졸업식 자리에서 이런 기회를 주신 여러 선생님들께도 감사의 말씀을 드립니다.

여기 계시는 어머니, 아버님들과 마찬가지로 저희 어머니는 학창 시절 가정형편상 공부를 하고 싶어도 할 수 없는 상황이었기에 학업의 뜻을 접을 수밖에 없었습니다. 10대~20대에는 어린 동생들을 위해 헌신했고, 30~40대에는 남편과 자식들을 위해 헌신하며 본인을 위한 삶은 접어두셨습니다. 당신의 개인적인 행복보다는 남편과 자식의 행복을 위해 집안일과 수선집을 운영하며 이 시대 진정한 슈퍼우먼으로 우리 형제를 사랑으로 길러주셨습니다.

이를 가장 잘 알고 계시는 저희 아버지는 이런 어머니가 항상 고맙고 미안한 마음에 언젠가는 기회가 된다면 어머니의 꿈을 펼칠 수 있게 해드리리라 다짐하시다가 청암중·고등학교를 우연치 않게 알게 되었고, 입학할 수 있도록 물심양면 도와주셨습니다. 그 결과 어머니는 검정고시에 당당히 합격하시고, 청암중학교에 입학할 수 있었습니다.

청암중에 입학한 후 어머니는 제2의 인생을 살고 계십니다. 입학식 날 기쁨의 눈물로 시작하여, 학교에서 수업을 듣는 것이 꿈만 같고 새로운 것을 배운다는 게 너무너무 행복하여 잠이 안 온다며

태어난 집은 달라도 배우는 교육은 같아야 한다

새벽에도 일어나셔서 공부하셨습니다. 수선가게에서는 틈나는 대로 영어단어를 외우시고, 방정식이 이해가 되지 않는다며 1~2시간은 저를 붙잡고 수학과 씨름도 하셨습니다. 또한 수행평가 기간에는 밤잠을 줄여가며 공부를 하셨고, 소싯적 저의 성적표에서는 평균점수, 몇 등인지를 기가 막히게 찾아내시더니, 정작 본인의 성적표는 모르쇠로 일관하던 귀여우셨던 모습이 떠오릅니다.

공부뿐만 아니라 교외 활동으로 합창대회, 체육대회, 소풍, 수학여행 등 학교 친구들과 우정을 나눌 수 있는 기회를 갖는 것도 행복해하셨습니다. 어머니 생신에 맞춰 저희 부부가 학교를 방문하여 깜짝 서프라이즈 파티를 해드렸을 때 소녀처럼 좋아하시던 모습도 떠오릅니다.

어머니는 저에게 가장 큰 든든한 버팀목이었습니다. 비록 배움이 짧았지만 이 세상 누구보다 지혜로우시고, 자식은 어떻게 키워야 한다는 교육 신념이 확고하신 분이셨습니다. 그런 교육 신념 덕분에 저와 제 동생은 올곧게 자랄 수 있었습니다. 또한 어머니는 저에게 가장 큰 지원자이자 후원자이셨습니다. 제가 재수를 할 때에도 싫은 내색 한 번 안 하시고, "우리 아들은 해낼 수 있다! 기간은 상관없으니 부담 갖지 말고 너 스스로를 믿고 공부해 봐!"라고 격려해 주셨습니다. 이런 어머니의 응원과 저를 향한 믿음 덕분에 1년 만에 좋은 결과를 얻을 수 있었습니다.

이제껏 평생 저에게 모든 걸 다 퍼주셨던 우리 어머니……. 어머니가 저에게 보여주신 희생과 헌신을 마음 깊숙이 담아서 이젠 제가 어머니의 든든한 후원자가 되겠습니다. 어머니의 후원자가 아버지도 있고 ○○도 있고 ○○도 있겠지만, 그 누구보다 제가 가장 큰 힘이 되어 드리겠습니다.

지금까지 고생하신 우리 엄마, 이젠 꽃길만 걸으세요! 사랑합니다!

잡초는 없다!

우리 교육은 그동안 '글로벌 경쟁력을 갖는 일등(인재)'을 양성하는 것에 초점을 두었습니다. 물론 우리나라처럼 '개방형 경제'에서는 그것도 중요할 것입니다. 그러나 이제는 '이등부터 꼴등까지의 학생'들이 자신의 잠재력을 형형색색으로 꽃피우게 하는 교육으로 전환해야 합니다. 일등 역시 공동체적 책무감을 갖고 이웃과 함께 사는 일등을 양성하는 방향으로 나아가야 합니다.

특히 새정부 출범을 계기로 학부모들과 시민들의 교육에 대한 열망을 반영하여 교육선진국을 향한 담대한 전진이 필요합니다. 그를 위해서는 무엇보다 우리의 교육철학이 '일등주의 교육'을 넘어서는 방향으로 변화해야 합니다. 그런 점에서 저는 '잡초는 없다. 단지 우리가 그 이름을 모르는 꽃이 있을 뿐이다'라는 점을 강조하고 싶습니다.

'진보' 교육감에 대한 뒷조사

박근혜 정부의 공약이던 '누리과정' 교육비를 중앙정부에서 부담해야 한다고 주장해온 교육감들에 대해 우병우 전 청와대 민정수석이 국가정보원에 '뒷조사'를 지시한 정황이 포착됐다는 보도가 나왔습니다. 언론 보도에 따르면 우병우 전 청와대 민정수석은 2016년 3월경 국정원에 "조희연 교육감 등 진보성향 교육감들의 개인 비리 의혹을 파악해 보고하라"고 지시한 정황이 드러났다고 합니다.

한마디로 개탄스럽습니다. 민주주의 국가인 대한민국에서 교육정책에 대한 입장 차이를 이유로 불법 정치 사찰을 자행했다는 사실이 놀라울 따름입니다.

박근혜 정부가 누리과정 교육비를 시도교육청에 전가하여 20조 원이 넘는 부채를 떠안아 몸살을 앓게 되면서 각 시도교육감들은 진보와 보수의 성향을 떠나 적어도 보육기관인 어린이집의 누리과정 예산은 정부가 부담해야 한다는 의견을 개진해 왔습니다. 이러

태어난 집은 달라도 배우는 교육은 같아야 한다

한 상황에서 유독 진보 성향의 교육감들의 개인 비리를 '열흘 안에 파악해서 보고하라'고 한 것은 사찰을 통해 교육감들을 협박하기 위한 치졸한 정치 공작이라고 볼 수밖에 없습니다.

사실 우리는 70년대 유신시대와 긴급조치 9호 시대, 80년대 전두환 군사독재 시대를 살았던 사람으로서, 정치적 반대자들에 대한 '사찰' 등 공작정치를 일삼는 독재국가의 국가폭력에 대해 비판하며 민주주의의 토양을 일궈왔습니다. 그리고 우리는 1987년 이후 '민주화'를 통해 우리 사회에서 그러한 어두운 과거가 점진적으로 극복되어 왔다고 생각하며 살아왔습니다.

그러나 우리는 최근 박근혜 정부에서 그런 국가폭력의 잔재가 되살아났음을 확인하고 있습니다. 이를 통해 우리는 '민주주의'란 부단히 노력하여 만들어가는 것이며, 우리 사회에서 민주주의의 원리가 제대로 작동하고 있는지 눈을 부릅뜨고 지키며 그 원리를 공동체 구석구석까지 확대해가고자 하는 '깨어 있는 시민'들이 있을 때에라야 가능하다는 생각을 합니다.

다행스럽게도 '깨어 있는 시민'이 만든 촛불시민혁명을 통하여 타락한 정부의 퇴행적 행태들이 '적폐'라는 이름으로 하나하나 드러나고 있습니다. 급기야는 '누리과정'이라는 정부 시책에 대한 이견을 제시한 교육감들까지 '불법사찰'과 '뒷조사'의 대상이 되었다는 사실은 '민주화 이후의 국가'에서도 언제든 퇴행과 타락이 벌어질 수 있음을 잘 보여주고 있습니다.

이번 일을 계기로 불법 사찰에 관여한 사람들에 대한 처벌뿐만 아니라, 이러한 적폐 청산을 통하여 어떤 퇴행적 움직임도 이겨내는 복원력이 강한 민주주의를 실천하는 '새로운 국가'를 만드는 노력을 해야 합니다. 새로운 국가를 만들어가는 다양한 노력에는 관행이라고 치부되던 음지의 국가범죄를 드러내고, 그것이 앞으로는 어떤 경우에도 반민주주의적인 '범죄'로 규정될 수 있는 근거와 가이드라인을 만드는 일도 포함되어야 할 것입니다.

그런 점에서 어두운 과거의 기억을 떠올리는 퇴행적인 불법 행위에 대해 철저한 수사와 처벌을 요구합니다. 나아가 이러한 국가범죄로부터 우리 사회의 민주주의를 지켜내기 위한 섬세한 대책 마련을 촉구합니다.

-2017년 12월 6일

태어난 집은 달라도 배우는 교육은 같아야 한다

일등주의 교육은 이제 그만!

"저는 오늘 불법 사찰의 피해자로 이 자리에 섰지만 교육자로서의 책임감도 동시에 느낍니다. 공부만 잘하면 모든 게 용서되는 일등주의 교육이 이런 끔찍한 결과를 가져온 것 같습니다. 성찰의 계기로 삼겠습니다. 적폐청산은 좋은 나라를 만드는 과정이고 그런 과정이 되어야 합니다. 나라 곳곳을 병들게 한 헌법파괴와 국민주권 유린을 넘어 이제 국민을 위한 대한민국을 다시 세워야 합니다. 교육 역시 국민의 것이어야 합니다. 정권을 위한 교육이 아니라 국민을 위한 교육이 되어야 합니다."

박근혜 정부 시절, 우병우 전 청와대 민정수석이 국정원에 진보 성향 교육감의 뒷조사를 지시했다는 의혹을 조사하는데 참고인 신분으로 서울중앙지방검찰청에 출석하면서 한 말입니다.

제가 대학 다니던 70년대에 있었던 불법사찰과 정치공작이 40년이 지난 지금까지 있었다는 사실에 놀라움과 참담함을 금할 수가

저는 오늘 불법 사찰의 피해자로 이 자리에 섰지만 교육자로서의
책임감도 동시에 느낍니다. 공부만 잘하면 모든 게 용서되는 일등주의 교육이
이런 끔찍한 결과를 가져온 것 같습니다. 정의와 공정이 강물처럼 흐르는
대한민국 교육을 위해 다시 한 번 제 스스로를 다잡는 계기로 삼겠습니다.

없었습니다.

　교육도 정권을 위한 교육이 아니라 국민을 위한 교육으로 거듭
나야 합니다. 정의와 공정이 상식이 되고, 정의와 공정이 강물처럼
흐르는 대한민국 교육을 위해 다시 한 번 제 스스로를 다잡는 계기
로 삼겠습니다.

　　　-2017년 12월 8일

태어난 집은 달라도 배우는 교육은 같아야 한다

제 2 부

자세히 보면
인재가 아닌
사람은 없다

___

눌러 심은 모가 약해지는 이유

주변에서 조정래 선생의 신간 『풀꽃도 꽃이다』의 일독을 권하기에 틈틈이 읽고 있습니다. 서울교육을 책임지는 사람으로서 일독할 필요가 있다는 권유였습니다. 매일 빼곡한 일정을 따라 이동하는 중에 틈틈이 읽고 있는데, '교육'이란 말이 이토록 오염되고 상처를 입었는가 하는 자탄 때문에 눈물이 핑 돌 때가 한두 번이 아니었습니다.

모내기철 봄방학 때의 이야기입니다. 모내기를 하고 마을로 돌아오는 길에 친구가 귓속말을 했습니다.

"야, 이건 비밀인데, 다른 집의 모는 설렁설렁 심고, 네 집의 모는 꼭! 꼭! 심었어. 잘했지?"

그러자 옆에서 엿들은 이장님이 말씀하셨습니다.

"이놈아! 모는 얕게 심어야 되는 거야. 그래야 모가 스스로 뿌리를 내려 튼튼하게 자라지. 모를 꼭꼭 심으면 당장 보기엔 좋아도 병

충해에 약하고 장마에 물이라도 들이치면 그냥 쓰러지고 말아."

먹고 살기 힘겨웠던 시절, 산업화의 과정을 거치면서 선진국의 지식을 신속하게 암기하고 숙지하는 것만이 우리 교육의 방향이자 목표라고 믿었습니다. 국·영·수를 중심으로 죽어라고 암기하는 것이 마치 우등생의 기준인 듯했고, 교실에서는 질문이 사라지기 시작했습니다.

책에도 묘사되어 있듯이, 그 시절 교실 복도에 붙여진 모의고사 성적표는 거기에 적혀 있는 이름들의 꼬리표가 되어 평생을 따라다니는 듯했습니다. 앞서간 꼬리표가 닦아놓은 길을 따라 우등생은 '장밋빛 미래'를, 대다수 열등생들은 '회색빛 미래'를 맞이하는 줄만 알았습니다.

작품에서는 다양한 아이들이 '교육'을 통해 성장하고 행복을 찾아가는 대신, 굴레로 변한 '교육'에 시달리고 고통 받는 모습이 그려지고 있습니다. 작중 인물인 윤섭이는 자신이 하고 싶은 일과 장래 희망을 일치시키려 부모님과 매번 갈등해야 했고, 동유는 만화가의 꿈을 저버리지 못하고 결국 집을 나와 길 위의 아이가 되었습니다. 동기는 알콜 중독자 아버지를 둔 가난한 집 아이라는 배경 때문에 학교에서 외톨이로 남겨졌고, 학교 폭력의 피해자인 그가 가해자가 되어도 새삼스럽거나 이상한 일이 아니게 되었습니다. '성적보다 인간의 가치를 더 소중하게 여기고 살아야 한다'는 강교민 선생의 역설은 어느 종교단체가 지하철 벽에 걸어 놓은 액자 속 문구로 갇혀버렸고, 자기 자식을 학대 수준의 경쟁으로 내몰아 총력전이 벌어지는 한가운데에 놓는 것이 어머니의 지고지순한 사랑이라고 굳게 믿

태어난 집은 달라도 배우는 교육은 같아야 한다

는 희경과 그런 엄마로부터 멀어질 수 있는 방법으로 자살을 생각하는 지원의 모습은 허구나 과장이 아닌 현실입니다.

이 작품은 우리 아이들이 연간 40조 원이 넘는 사교육 시장에서 타인에 의해 꼭꼭 눌러 심어진 모가 되어버렸다고 말합니다. 이 표현을 읽은 저는 OECD 국가 중 가장 낮은 학생들의 행복지수와 학교 밖 청소년들 이야기, 스스로 세상을 저버리는 아이들의 기사를 접할 때만큼이나 쓰라린 아픔과 무거운 책임을 통감했습니다. 조정래 작가는 이 책의 시작에서 이렇게 말했습니다.

"사교육 시장의 병폐는 누구의 책임일까. 그건 우리 모두의 책임이다. 정부의 책임이고, 교육계의 책임이고, 사회의 책임이고, 학부모의 책임이다."

현재 서울시교육감의 자리에 있는 저는 교육이 희망이 아니라 절망이 되어가는 현실에 대한 책임을 다른 누구보다 스스로에게 먼저 묻습니다. 우리 아이들이 하고 싶은 일을 하면서도 행복하게 살 수 있는 사회, 그리고 그러한 사회를 구성하는 기초가 될 교육을 어떻게 만들어갈 것인가에 대해 끊임없이 고민을 하지 않을 수 없습니다.

기성세대들은 눈물겨운 헌신과 투쟁을 통해 경제성장과 민주주의를 꽃피웠습니다. 그러나 그 과정에서 편리함을 목적으로 수단과 방법을 가리지 않고 경쟁을 부추기는 사회 분위기, 혐오와 갈등, 배척과 같은 불행이 우리 삶에 함께 자리 잡았습니다. 우리는 300

명에 가까운 꽃다운 아이들을 잃은 세월호 사건을 겪으면서 새로운 교육에 대한 열망의 불씨를 다시금 살려냈습니다. 민주주의를 뜨겁게 열망했던 그 시절의 물결이 이제 우리 교육과 교실에서 이어져야 합니다.

이 책에 나오는 문병란 시인의 '민주주의는 교실에서부터'라는 시에 이런 구절이 나옵니다.

> "민주주의는 교실에서부터 시작되어야 한다. (…)
> 자유로이 묻고, 자유로이 대답하고, 의문 속에서 창조되는 진리
> (…)
> 교실은 너와 내가 하나 되는 공동체.
> 각기 다른 빛깔로 피는 꽃밭이어야 한다."

저의 손에 쥔 판도라의 상자에는 희망이라는 것이 남아 있습니다. 태어난 집은 달라도 배움은 같은 교육. 아이 한 명, 한 명의 생각을 존중하고, 단 한 명도 포기하지 않는 교육. 논이 물에 잠기는 역경도 튼튼하고 건강하게 이겨내는 법을 기르는 교육. 『풀꽃도 꽃이다』에 나오는 모든 인물들처럼 하루하루를 살아가는 우리의 이웃과 우리 아이들이 교육에서 절망이 아닌 희망을 찾을 수 있도록 저는 오늘도 더디지만 한결같은 걸음을 걸어가고자 마음을 다잡습니다.

작가는 말했습니다.
"우리는 모두 풀꽃 같은 존재다."

태어난 집은 달라도 배우는 교육은 같아야 한다

저는 답합니다.

"은하수가 아름다운 것은 누구랄 것 없이 자기 빛을 발하는 수많은 별들이 있기 때문입니다."

작가는 퀴즈를 냈습니다.

"소설 속에 나오는 강교민이라는 이름은 어떤 말의 준말일까?"

저는 답합니다.

"아직 답을 찾지 못했습니다. 그러나 그 답은 제가, 우리가 걸어가는 길에서 반드시 찾을 수 있을 것입니다."

자세히 보면 인재가 아닌 사람은 없다

60년대 이후 우리 사회는 서양을 따라잡는 산업화(추격산업화)를 국가목표로 해서 매진해왔습니다. 그 결과 산업화에 성공하고 경제선진국의 문턱에 올라설 정도가 되었습니다. 그런데 잘 살게 된다고 해도 모두가 똑같이 잘 사는 사회가 되는 것이 아니고, 거기서도 잘 사는 사람과 못 사는 사람으로 나뉘어지게 되었습니다.

그와 연동하여 교육에서도 일등주의 교육으로 인재를 육성하는 것을 미덕으로 생각해 왔습니다. 실제 그런 노력으로 인하여 서양을 경제적으로 거의 따라잡는 데 성공했습니다. 그런데 그러다보니 잘 사는 집 애들은 없는 재능도 돈으로 개발할 수 있게 되고, 못 사는 집 애들은 있는 재능도 개발의 기회를 갖지 못하게 되는 결과를 동반하고 말았습니다. 일등부터 꼴찌까지 성적에 상관없이 모든 인재가 자신의 재능과 소질을 꽃피울 수 있도록 하는 것이 선진국으로서 자기를 유지하는 데 도움이 되는 역설적인 상황에 도달했습니다.

태어난 집은 달라도 배우는 교육은 같아야 한다

일등이 되기 위한 입시전쟁과 더불어 이를 발굴하기 위해 벌이는 지금의 입시전쟁은 거의 아동학대 혹은 청소년학대라고 할 수 있을 정도입니다. 이러한 비합리적인 상황 속에서 우리는 나름 합리적인 경쟁을 하고 있습니다. 이제는 기존의 대학 서열화를 뛰어넘어 학과별 개성을 드러내고 부각시켜 관심을 갖게 하는 동시에 이 비합리적인 입시체제와 대학학벌체제를 개선하기 위한 거시적 노력도 함께해야 할 것입니다.

한국교육정책교사연대와 동아일보사가 주최하는 '학과별 대학입시 설명회'에 다녀왔습니다. 기존의 대학별 입시설명회가 아니라, 그동안 신문에서 미래에 유망한 학과로 선정했던 28개 학과들을 전부 모아, 학과별로 소개를 하는 자리였습니다.

저는 그 자리에서 "대학을 보지 말고, 자신의 적성에 맞는 개성 있는 학과, 그중에서도 미래에 유망한 학과를 보라"고 축사를 했습니다. 그런 노력을 하는 것은 점수에 맞추어 서열화된 대학의 어느 하나에 들어가는 것을 뛰어넘고자 하는, 작지만 앞으로 중요시되어야 할 노력 중의 하나입니다. 교육에서의 불평등을 어떻게 상쇄할 것인지 고민해야 하고 저 역시 그런 고민을 합니다.

우리의 노력은 궁극적으로 모든 인재가 구분없이 능력을 꽃피우게 할 수 있어야 합니다. 자세히 보면 인재가 아닌 사람은 없습니다.

이제는 비합리적인 입시체제와 대학학벌체제를 개선하기 위해 노력해야 합니다.

궁극적으로 모든 인재가 구분없이 능력을 꽃피우게 할 수 있어야 합니다.

자세히 보면 인재가 아닌 사람은 없습니다.

태어난 집은 달라도 배우는 교육은 같아야 한다

교육이 희망이 되는 사회

아버지보다 더 나은 미래를 젊은이들이 꿈꿀 수 없는 사회는 문제가 있는 사회입니다. 그런데, 우리 사회에 바로 이런 경향이 나타나고 있습니다. 특히 좋은 부모를 만나지 못한 젊은이들은 역동적인 삶을 꿈꾸기 어렵습니다. 어려운 상황에서도 자수성가한 사람들의 미담이 언론에 가끔 소개되지만, 지금 우리 사회는 그것은 단지 미담일 뿐인 사회로 가고 있습니다.

돌이켜 보면 우리 사회의 '성공'적인 고도성장도 간단한 원리에 의해 설명할 수 있습니다. 모든 국민들이 역동적으로 경제적 활동을 함으로써, 그리고 그러한 사회적 분위기와 기운이 있었고 정부시책도 그러했습니다. 산업화에 이어진 민주화도 마찬가지입니다. 좋은 정치와 좋은 민주주의를 소망하고 그것을 성취하기 위한 '정치적 역동성'이 분출했기 때문입니다.

그러나 이러한 경제적-정치적 역동성^{dynamism}이 죽어가고 있습니다. 우리 사회의 커져가는 사회경제적 불평등과 교육불평등은 많은 젊은이들이 역동성을 죽여가고 있습니다. 국가홍보용으로는 '역동적 한국'^{dynamic Korea}라는 구호가 요란하게 울려 퍼지지만, 실제는 많은 아시아들인 부러워하는 우리 사회의 경제적-정치적 역동성이 역으로 죽어가고 있습니다.

정치적-경제적 역동성이 살아나는 데는 교육이 중요하게 작동해야 합니다. 그러나 커져가는 교육불평등은 더 나은 사회, 더 나은 정치적-경제적 상태를 향한 젊은이들의 역동성을 현저히 약화시키고 있습니다. 이런 점에서도 교육불평등에 대한 강력한 대책이 필요합니다. 저는 '교육이 희망이 되는 사회'라는 꿈을 결코 포기하지 않습니다.

태어난 집은 달라도 배우는 교육은 같아야 한다

'미래지향적 역사교육'의 진정한 의미

역사교육전문가 심포지엄에 참석해서 우리 아이들과 시민들의 생생한 목소리가 적혀 있는 포스트잇을 일일이 다 읽어보았습니다. 저는 이 글들을 하나하나 읽으면서 지금이야말로 우리 교육이 변화해야만 하는 때라는 것을 확연히 느낄 수 있었습니다. 학생, 학부모, 시민들은 이미 '다양성'과 '시민성'을 갖추어가고 있었습니다. 특정한 사람의 시각에 의해 판단되는 역사를 배우는 것이 얼마나 위험한 일인지, 역사라는 것이 시대에 따라, 대하는 사람에 따라 얼마나 다양하게 해석될 수 있는지 학생도, 시민도 이미 알고 있었습니다.

한 학생은 자신이 원하는 역사수업에 대해 "적어도 국정교과서로 배우고 싶진 않다"라고 썼습니다. 국정교과서는 우리의 역사교육을 30년 전으로 퇴행시킨 것입니다. 서울교육청은 국정교과서에 반대합니다. 그러나 더 이상 국정교과서 반대에만 머물 수는 없습니다. 이제 30년 후의 역사교육을 생각하며 차근차근 나아가야 할 때입니다.

국정교과서 반대에 머물지 않고 더 큰 차원으로 나아간다는 것은 무엇을 의미하는가를 생각해봅니다. 이 의미를 저는 미래지향적 역사교육의 방향으로 나아가는 것으로 이해합니다.

그렇다면 미래지향적 역사교육의 방향은 과연 무엇일까요. 이 점에 대해 저는 방법론적 측면과 내용적 측면에서 소견을 이야기해 보겠습니다. 먼저 방법론적 측면에서 미래지향적 역사교육은 다원성, 논쟁성, 비판성, 학생주체성의 원리 위에서 이루어지는 교육이라고 말할 수 있을 것입니다. 다양한 견해와 의견, 인식의 차이를 존중하는 교육이어야 합니다. 이런 점에서도 국정교과서는 반시대적입니다.

당연히 이러한 다양한 견해의 인정은 논쟁성을 인정하는 방향으로 나아가게 됩니다. 사실 역사가 본질적으로 논쟁적이기 때문에 진정으로 역사적 교육은 논쟁성을 살리는 수업이어야 합니다. 이를 위해 서울교육청에서는 토론과 질문을 중시합니다. '토론이 있는 역사교육' 부교재를 만들려고 하는 이유도 여기에 있습니다. 당연히 학생들이 비판적 관점에서 역사적 사실을 접근하게 하는 교육이 되어야 할 것입니다. 진리를 암송하는 역사교육은 '종교'를 믿는 것과 같은 방식으로 역사교육을 하는 것을 의미하고, 이것은 당연히 비판성에 전적으로 반하는 것입니다.

여기에 학생주체성이 대단히 중요하게 됩니다. 학생을 단지 역사 과목 입시를 위한 암기자로 기르는 것이 아니라, 우리의 역사에 대한 주체적인 판단자이자 논쟁자, 다양한 관점의 비교토론자, 해석자가 될 수 있도록 하는 것입니다. 이런 역사교육에서의 학생주체성의 존중은 서울교육청에서 진행하고 있는 '교복 입은 시민' 정책과도 전적으로 상응하는 것입니다. 학생주체성을 인정하는 것은 학생이 단지 교복을 입었을 뿐이지 엄마-시민, 교육감-시민, 교사-시민과 동일한 평등한 시민적 존재라고 하는 인식과 궤를 같이 하는 것입니다. 다원성, 논쟁성, 비판성, 학생주체성의 원리 위에 서는 미래지향적 역사교육은 결국 '생각의 힘'을 키우는 교육이어야 한다는 것을 의미하기 때문입니다.

다음으로 내용적 측면에서는 두 가지의 미래지향적 노력이 필요하다고 생각합니다. 그것은 먼저 한국역사에 대한 보다 풍부한 '근현대 역사상', '근현대 역사인식 패러다임'으로 확장하는 경쟁을 하는 것입니다.

현재도 여러 차원에서 이러한 경쟁이 존재합니다. 그 일부로서 보수적인 근현대 역사인식 패러다임과 진보적 근현대 역사인식 패러다임이 경쟁하며 존재하고 있습니다. 국정교과서는 보수적 근현대 역사인식 패러다임에 기초한 역사교과서를 '국정'으로 모든 학생과 역사교사에게 강요하는 것입니다. 이것은 당연히 잘못된 것입니다. 그것을 넘어서서 근현대 역사인식 패러다임을 더더욱 풍부화 하려는 노력이 필요합니다. 이것은 물론 논쟁과 토론을 통해서 심화되어 갑니다. 근현대 역사인식 패러다임의 경쟁에서 각자 자기풍부화의 진전이 있어야 한다는 것입니다.

다음으로 민주시민교육을 확장하여 '세계민주시민교육'으로까지 확장해야 할 필요가 있습니다. 우리 학생들이 20~30년 후에 살아갈 세상은 현재와는 차원이 다른 '지구적으로 통합된 지구촌사회'일 것입니다. 우리가 지금까지 살아온 '배달민족적 동질성'의 차원을 넘어서서 여러 차원에서 더 큰 차이를 갖는 이방인을 만나게 될 것입니다. 즉 인종, 민족, 종교, 문화, 문명 등에서 더 큰 차이를 갖는 이방인들을 대면하면서 살아가게 될 것입니다. 바로 그러한 '복잡한' 상황을 살아가면서 증오, 배제, 적대의 태도로 살아가지 않고, 환대, 우의, 존중, 공감의 미덕, 동일한 지구촌공동체의 이웃이라고 하는 미덕을 가지고 살아갈 수 있게 해야 할 것입니다. 바로 이러한 관점에서 미래지향적 역사교육의 중요성이 있습니다.

알파고는 우리 모두에게 심각한 화두를 던져주었습니다. 인공지능이 어디까지 발전할지 가늠하기 어려운 시대에 과연 우리 아이들에게 필요한 것이 더 많은 지식을 암기하는 것일까요? 인간이 인공지능보다 앞설 수 있는 것은 과연 무엇일까요? 서울교육청과 '민주사회를 위한 역사교육위원회'는 다양성에 대한 공감능력, 스스로 자료를 찾아 비판적으로 사고하고 동료들과 함께 최선의 결론을 모색할 수 있는 협업능력, 그리고 도출된 결론을 현실화하여 미래를 만들어갈 수 있는 실천능력이 핵심이라는 것에 의견을 같이 했습니다. 그리고 이 세 가지 능력을 기르는 데 있어 역사교육은 매우 중요한 역할을 할 수 있을 것이라고 생각합니다.

'신라 패러다임'에서 벗어나야

한 달에 한 번씩 서울교육청 전 직원이 모이는 월례조회가 있습니다. 월례조회 시간에는 외부강사를 초청해서 강의를 듣는데, 이번에는 도올 김용옥 선생을 모셨습니다. 6.4 지방선거 이후 도올 선생이 진보교육감 시대의 교육혁신의 방향에 대해 설파한 〈도올의 교육입국〉에서 많은 감명을 받았었던 터라 기대가 컸습니다.

고구려 패러다임

오늘 강의의 핵심은 한반도의 남단에 갇힌(이른바 '신라 패러다임') 협소한 역사관을 넘어서서 광활한 고구려의 역사를 포괄하는 새로운 역사적 인식을 가져야 한다는 것이었습니다. 도올 선생은 이를 '고구려 패러다임'이라고 불렀습니다. 광개토대왕비 등을 탐방하면서 우리 모두가 협소한 '신라 패러다임'에 국한되어 광개토대왕이 활약했던 만주 지역을 포함하는 거대한 한국역사와 문명의 역사를 잃어버리고 있다는 새로운 통찰을 가지게 되었다고 합니다. 특히 신라의 통일은 당나라의 무력에 의해 고구려가 멸망하는 과정이었는데, 신라의 통일 이후 고구려적 역사관·문명관은 사라지게 되었습니다. 이 고구려 패러다임의 상실은 조선시대 이후 사대주의적 관점에서 고구려의 역사를 지우고 만주가 없는 반도적 역사로 시야가 협소화하는 과정에 의해서 고착되었다고 합니다. 사실 저도 이러한 협소한 인식의 예외는 아니라는 생각을 했습니다.

조만문명

도올 선생은 연변대학에서 한 학기 동안 강의를 하고 중국 동북지역의 광개토대왕비 등 고구려의 역사적 유적을 탐문한 이후 새롭게 한국 역사를 보는 시각을 갖게 되었다고 합니다. 중국이 주도하는 동북공정론적 역사관의 핵심은 중국 역사의 중심을 중원에 두고 동북지방을 변방으로 인식하는 것에 있습니다. 그러나 고구려 패러다임에서 볼 때 동북지방은 중국의 변방이 아니라 중원 중심의 중국이 두려워했던 문명적 독자성을 가진 위력적인 주체이자 역사였습니다. 이런 점에서 조만朝滿문명이라는 문제설정도 하게 되었습니다.

신채호 선생의 만주 방문 100년이 되는 해에

도올 선생은 고구려의 역사가 살아 숨쉬는 만주지역을 단재 신채호 선생이 방문했던 1914년으로부터 정확히 100년이 흐른 작년에 방문하게 되면서 눈물을 흘리며 새로운 문명적 영감을 얻었다고 말했습니다. 광개토대왕비를 읽으면서 고구려에게 중원은 중심이 아니

태어난 집은 달라도 배우는 교육은 같아야 한다

라 변방이라고 하는 것을 느꼈다고 합니다. 위진남북조 시대를 지나고 당 태종이 100만이라는 거대한 군대를 거느리고 왜 북방정벌에 나서게 되었는가 하는 것은 당시 고구려와 동북문명이 갖는 위대성과 위력을 알게 해줍니다. 중원에서는 만주는 변방이겠지만, 반대로 고구려로부터 발해에 이르는 1천년의 역사를 갖는 입장에서 보면 중원은 오히려 변방일 수 있습니다. 이러한 고구려적 상상력이 신라 패러다임에 의해 막혀버렸습니다.

중원을 상대화해야

이런 의미에서 우리는 조선반도의 북반부와 동북지방 혹은 만주지방을 배제하는 역사관에서 벗어나야 합니다. 그동안 중원의 역사를 '양아치의 역사'로까지 보았던 광개토대왕비의 인식은 우리에게 전달되지 않았습니다. 광활한 역사적 인식의 지평이 실종된 것입니다. 따라서 지금 우리가 아는 역사가 한국 역사의 전체가 아니라고 하는 인식이 필요합니다.

도올 선생은 조선시대의 '고려사'는 이런 점에서 우리의 역사관을 왜곡시키는 흉악한 문건이라고까지 말했습니다. 조선유학자들이 고려사를 왜곡한 것입니다. 중앙아시아, 만주, 조선반도로 이어지는 조만문명의 긴 깔때기의 끝에 우리들이 갇히도록 만들었습니다. 그런 점에서 이성계의 위화도 회군은 이러한 고구려적 인식을 포기하고 중국 사대주의로 가는 전기였습니다. 이런 점에서 이성계 사당은 없지만, 고구려의 영토를 회복하고자 했던 최영 장군의 사당이 있는 것은 상징적입니다.

식민주의적 관점을 벗어나 다^多중심적 역사관으로

도올 선생의 강의를 들으면서, 우리의 역사와 문화를 보는 훨씬 광활한 인식지평을 얻게 되었습니다. 그래서 서울교육청이 내세우고 있는 '세계시민교육'과 이를 어떻게 연결시킬까 하는 점을 생각했습니다. 협소한 신라 패러다임을 넘어서서 고구려 패러다임을 갖는 것은 우리가 과거의 식민주의적^{colonial} 관점을 벗어나는 중요한 화두입니다. 더구나 남북 분단 상황에서 우리의 상상력은 한반도의 남반부로만 한정되어 있기 때문에 더욱 그렇습니다.

단지 이를 다시 협소한 민족주의적 관점이나 국수주의적 관점에서 융해시키자는 것은 아닙니다. 미국 중심의 세계인식이나 중화주의적 역사인식을 넘어서서 다^多중심적인 세계역사인식으로 나아가는 계기가 되면 좋지 않을까 싶습니다. 동북공정은 중국에서는 중국 중원 중심의 새로운 민족주의 혹은 이른바 굴기론적 관점을 정당화하기 위해 제시됩니다. 그런 점에서 도올 선생의 사고는 최근 새롭게 부상하는 협소한 중국 민족주의적 관점을 넘어서는 단초를 제공해 주었습니다.

도올 선생의 강의를 들으면서, 저는 그 통찰력에 감명을 받았습니다. 동시에 그 통찰력을 이른바 탈식민주의적^{postcolonial} 관점, 혹은 신영복 선생님이 이야기하는 '변방론적 관점', 혹은 임지현 선생이 이야기하는 '변경론적' 관점 등과 연결시켜 더욱 발전시켜야겠다는 생각을 했습니다.

태어난 집은 달라도 배우는 교육은 같아야 한다

또 다른 세계는 저절로 오지 않습니다

한때 우리 사회는 물론 온 세계 젊은이들의 가슴을 뛰게 만들었던 명언이 있습니다.

"또 다른 세계는 가능하다!"

(Another world is possible!)

이 말은 오늘에도 유효합니다. 저는 이 말을 오늘 다시 외치고 싶습니다.

"또 다른 국가, 또 다른 사회, 또 다른 교육은 여전히 가능하다!"

(Another state, society, and education are still possible!)

그러나 또 다른 세계는 저절로 오지는 않습니다. 그 세계는 우리의 젊은 세대, 특히 청소년들이 기성세대와는 전혀 다른 세계를 상상할 때에 비로소 가능해질 것입니다.

민주시민교육을 꿈꾸며

　새로운 정권, 새로운 질서, 새로운 사회를 건설하려는 촛불의 열
망은 헌법의 가치를 지켜내는 과정이었습니다. 서울시교육청 또한
학생들을 헌법을 체화하고 구현해나가는 민주공화국의 정의로운 시
민으로 키워내기 위한 노력을 계속하고 있습니다. 특히 '교복 입은
시민' 프로젝트라는 정책을 중심으로 학생들의 자기결정 능력을 키
우고, 학생을 시민으로서의 모든 권리를 가진 인격체로 대우하는 다
양한 프로그램과 예산 지원을 하고 있습니다. 이 정책은 '민주시민
교육'이라는 큰 추진체계 중에서 학생자치에 해당하는 분야입니다.
이 외에도 인성교육, 독서인문사회교육, 학생인권교육, 지역사회와
연계한 참여교육, 세계시민다문화교육 등을 통해 학생들의 민주시
민으로서의 자질을 키우고 바람직한 학교 문화를 조성하기 위해 힘
쓰고 있습니다.
　제헌헌법은 3·1 운동의 정신과 대한민국 임시정부의 법통을 계
승한다는 골자를 세웠습니다. 지난 대선을 계기로 정치권에서 정치

태어난 집은 달라도 배우는 교육은 같아야 한다

구조 중심의 개헌논의가 이어지고 있는 만큼 구시대적 한계를 뛰어넘는 미래지향적 헌법으로의 내용적 전환을 모색해야 할 때입니다. 더 많은 정치사회적 가치를 담아내야 할 것이며, 한층 발전된 자유·민주·평등의 가치를 조화롭고 균형있게 담아야 할 것입니다. 무엇보다 그 제헌헌법의 법통 위에서 우리의 교육도 그러한 방향으로 다양한 가치를 담아내야 할 것입니다.

－2017년 7월 17일, 제69주년 제헌절을 맞이하며

미래역량을 키우는 교육

　우리 아이들이 지금 학교에서 배우는 내용이 과연 20년 뒤에도 쓸모가 있을까? 요즘 학부모들에게 충격을 던지고 있는 화두입니다. 이 화두는 '알파고 쇼크'가 교육계에 던진 거대한 충격파를 대변합니다.

　2016년 세계경제포럼[WEF]에서는 2020년이면 로봇에 의해 500만 개의 일자리가 사라질 것이란 보고가 나왔고, 유엔 미래보고서는 2030년까지 지금 일자리의 80%, 모두 20억 개의 일자리가 없어질 것이라고 내다봤습니다. 의사, 변호사, 교수 등 전통적으로 안정적인 일자리들도 예외는 아니라는 전망까지 나오고 있습니다.

　알파고는 인간의 고유 기능이라 여겼던 주체적 정보 취득과 전략적 판단능력 등 인간의 지능과 유사한 판단회로를 갖췄다는 점에서 '기계의 인간화' 진척 정도를 보여줬습니다. 신경과학, 인지과학, 뇌과학의 발전은 이런 발전 추세를 가속화할 것입니다. 우리는 이제 인공지능시대를 맞아 학습과 교육시스템이 어떻게 달라져야 하는지

태어난 집은 달라도 배우는 교육은 같아야 한다

진지한 논의를 시작해야 합니다.

먼저 학생들을 '공부기계'로 만드는 낡은 교육을 넘어서야 합니다. 선진국을 따라잡기 위한 한국의 '추격교육'은 최대한 많은 양의 지식을 빨리 머릿속에 집어넣는 지식암기 교육이었으며, 학생들을 공부기계로 만드는 교육이었습니다. '기계의 인간화'를 논하는 시대에 여전히 '인간의 기계화'를 강요하고 있는 게 한국의 현실입니다. 이 차이를 극복하는 것이 우리 교육개혁의 핵심입니다.

알파고와의 네 번째 대국에서 우리를 환호하게 한 이세돌 기사의 묘수는 기계적 판단회로의 상상력을 뛰어넘은 변칙수였습니다. 우리의 교육은 이제 기계의 프로그램화된 판단능력을 뛰어넘는 인간의 초超프로그램적 상상력을 키우고 일깨우는 교육이 되어야 합니다. 엉뚱한 질문을 하는 학생에게 "진도 나가기도 바쁜데 웬 엉뚱한 질문이냐"고 타박하는, '모난 돌이 정 맞는' 교실에서 '정답 찾기' 식 교육으로는 어렵습니다. 모난 돌이 빛나는 교실, 괴짜가 왕따가 되는 게 아니라 그를 참신한 상상력의 소유자로 볼 줄 아는 교육 환경이 절실합니다.

알파고시대를 헤쳐 나갈 교육을 고민할 때 기술주의와 인문주의 양극단을 오갈 위험이 있습니다. 기술주의의 극단에 빠지면 새로운 교육을 소프트웨어나 코딩 교육으로 좁힐 수 있으며, 인문주의의 극단에 빠지면 인간 대 기계의 대립 프레임에 갇혀 '기계가 할 수 없는 능력의 개발'이라는 모호한 신기루를 좇을 수 있습니다. 인공지능적 기술과 인문적 상상력은 별개가 아니라 상호 연결되어야 시너지를 발휘할 수 있습니다. "첨단 물리학의 발전은 결국 수학과 철학의 발전에 달려 있다"는 말이 이를 대변합니다.

새로운 교육은 교사‑학생 관계의 변화도 요구합니다. 학생이 교사와 동일한 생각을 갖게 하는 교육이 아니라 다른 사고를 하게 하는 교육이 필요합니다. 교사의 역할이 학생과 더불어 지식을 함께 탐구해가는 것으로 변화함으로써 새로운 창의적 지식탐구의 모델을 만들어가야 합니다.

4차 산업혁명과 인공지능시대는 우리 아이들에게 어떻게 '미래의 역량'을 키워줄 것인가 하는 고민을 던져주었습니다. 이는 미래학력과 미래인성을 함양하고 도야하는 교육이어야 합니다. 예컨대 인공지능시대일수록 공유의 마인드가 절실하므로 협력적 인성을 기르는 미래 인성교육이 우리에게 필요할 것입니다.

한국은 컴퓨터와 인간의 바둑 대국이 벌어진 신선한 충격의 현장입니다. 알파고 쇼크와 이세돌의 변칙수가 우리에게 전해주는 메시지를 새로운 교육에 충실히 담아내는 게 우리들이 풀어가야 할 과제입니다.

-2016. 09. 05. 국민일보

태어난 집은 달라도 배우는 교육은 같아야 한다

차이와 다름을 존중하는 교육

우리나라는 세계가 부러워할 정도로 빠르게 '경제 선진국'이 되었습니다. 그러나 여전히 사회문화적 선진국, 인식의 선진국, 윤리의 선진국이 되기에는 갈 길이 멉니다. 이 경제 선진국과 사회문화적 후진국의 괴리를 좁히는 것이 우리가 해야 할 과제입니다.

저는 장애인운동과 여러 소수자 운동은 스스로의 권리를 확장하고 찾기 위한 운동이지만, 결과적으로는 그러한 괴리를 좁혀서 우리 사회를 진정한 선진국으로 만들어가는 계기적 운동이라고 생각하고 있습니다.

장애인에 대한 편견은 어찌보면 일등주의, 일등을 최고로 하는 우리 사회의 인식에서 비롯된 측면이 있습니다. 그래서 저는 누구나 자기 나름의 독특한 개성, 꿈, 끼, 재능을 갖고 있으며, 그러한 다양한 재능들이 각자 다양한 꽃을 피우도록 하는 교육이 우리가 지향해야 하는 교육이라고 생각하고 있습니다.

장애인 교육의 활성화도 그 맥락 속에 있다고 봅니다. 장애인에 대한 우리 사회의 인식, 제도 등이 크게 변화하는 과정에 있지만, 그러한 일련의 과정에서 추진되는 국가 지원정책들을 보면 아직 가야 할 길이 먼 것이 사실입니다. 그래도 이전보다 많이 변하고 있으며, 이 과정에서 앞으로 특수학교도 더 많이 생겨야 합니다.

저는 변화하는 서울 교육을 위해 두 가지를 강조하고 있습니다.

첫째, 인성교육입니다. 인성교육진흥법이 만들어지긴 했지만, 저는 협력적 인성, 공존적 인성, 상생적 인성을 서울교육의 인성교육으로 생각하고 있습니다. 남을 돕고, 협력하는 인성을 가진다면 장애인과 함께하는 인성은 당연히 따라올 것이기 때문입니다.

두 번째, 세계시민교육입니다. 세계화시대가 되면서 우리는 다양한 사람들을 마주하게 됩니다. 피부색이 다른, 인종이 다른, 민족이 다른, 국적이 다른, 종교가 다른 사람들을 만날 때 이를 '차별'이 아닌 '다름'과 '차이'로 바라보는 것이 필요합니다. 세계화 시대에는 다름과 차이를 일상으로 받아들이고–차이가 있음에도 불구하고– 함께 손잡고 어깨동무하는 방법을 배우는 것이 중요할 것입니다.

서울시교육청에서 세계시민교육을 강조하는 것은 세계화시대에 우리가 마주하는 다양한 차이와 다름을 존중하는 새로운 인간이 필요하다는 의미뿐만이 아닙니다. 그 다름과 차이를 국내적인 맥락에서 볼 때 장애인과 비장애인의 차이, 여성과 남성의 차이, 지역의 차이, 빈부의 차이 등도 다 포함하기 때문입니다.

최근 '자폐인의 날' 기념식에 참석해 염수정 추기경님과 여의도를 한 바퀴 도는 행사를 마지막까지 함께했습니다. 그 자리에서 저는 '나는 그림으로 생각한다'라는 책을 쓴 템플 그랜딘이 한 말을 소

앞으로의 교육은 애정의 눈을 가지고 다른 생각, 다른 느낌을 표출하고
개발할 수 있도록 하는 교육이어야 한다고 생각합니다.
세계화시대에 우리가 마주하는 다양한 차이와
다름을 존중하는 새로운 교육이 필요합니다.

개했습니다. 그는 '자폐인은 정상적인 사람과 다른 방식으로 생각하고 느끼는 사람이다'라고 이야기했습니다.

그런 측면에서 앞으로의 교육은 애정의 눈을 가지고 다른 생각, 다른 느낌을 표출하고 개발할 수 있도록 하는 교육이어야 한다고 생각합니다. 장애를 갖고 살아가시는 분들이 어떤 마음일지 전부 알 수는 없지만 비장애인이 결코 못 보는 것을 여러분들은 보고 있을 수 있습니다. 그렇기에 저는 여러분들 스스로 이러한 감수성을 갖고 있는 귀한 존재라고 여기며, 이를 때로는 음악으로, 문자로, 그림으로 다양하게 표출할 수 있으면 좋겠다는 생각입니다.

태어난 집은 달라도 배우는 교육은 같아야 한다

무릎 꿇은 장애인 학부모 사진을 보고

교육행정을 하는 데 있어서 여러 현실적인 이해당사자들의 입장을 고려해야 하는 것이 필요합니다. 그것이 민주주의이고, 공공기관의 갈등관리적 행정 의무이자, 정치적 합리성이기도 합니다. 그런 점에서 특수학교 설립을 반대하는 일부 주민들의 현실적인 입장도 이해가 됩니다. 우리 사회가 지극히 상생적이고 배려적인 시스템이 아닌 상황에서 자기 이익을 도모하지 않으면 상대적인 손해를 보는 그런 구조이기 때문입니다. 공공적이고 이타적인 경쟁이 아니라, 자기 이익을 우선으로 하고 배타적인 경합을 해야 하는 사회에서는 누구나 자기 이익 관철을 위한 행동을 하는 것을 탓할 수만은 없는 것 또한 사실입니다.

그럼에도 불구하고, 특수학교는 양보할 수 있는 사안이 아닙니다. 특수학교는 원자력발전소나 사드와 같은 것이 아닙니다. 모든 학생은 교육 기회를 부여받아야 합니다. 장애학생도 마찬가지입니다. 그동안 장애학생과 학부모는 교육 문제에서 어려움을 당했습니다.

특수학교가 오랫동안 신설되지 않고 학급당 과밀 현상이 심각했습니다. 교육 여건이 열악했습니다.

특수학교는 '학교'입니다. 기피 시설도 혐오 시설도 아닙니다. 인간의 생존권·기본권과 관련한 기관입니다. 특수학교는 생존권과 같은 것입니다. 인간의 기본권입니다. 당연히 있어야 하고 기본이 되어야 하는 것입니다. 그것을 둘러싸고 가부를 따질 그런 사안이 아닙니다.

그에 대해서는 국민적 인식과 공감대가 형성되어야 하는데, 현실은 아직 그 단계까지는 가지 못하고 있는 것 같습니다. 저는 특수학교를 특수하게 바라보는 것이야말로 특수하다고 생각합니다. 특수학교를 일반적으로 바라봐야 합니다. 상식적이고 보편적인 것으로 인식해야 합니다. 어느 날 갑자기 그렇게 되기는 어렵겠지만 우리 사회는 그렇게 나아가야 합니다.

장애가 장애로 인식되지 않는 것, 장애도 그냥 우리의 일부로 자연스럽게 받아들이는 것이 필요하듯이 특수학교도 너무나 당연하고 필요하고 기본적인 것으로 인식되는 그런 방향으로 나아가야 할 것입니다. 교육적 관점에서든 인간적인 관점에서든 그것은 진정한 사회통합을 부르짖는 이 시대의 바로미터가 될 것입니다. 저의 이러한 소신은 특수한 것이 아니라 일반적인 것이라고 생각합니다.

태어난 집은 달라도 배우는 교육은 같아야 한다

장애인특수학교 설립과 우리 사회의 품격

　　MB정부 시절 '국격', '품격'이라는 말이 인구에 회자된 적이 있습니다. 그런데 저는 장애인학교 설립이 지역주민들의 반발로 난항을 겪는 우리의 현실 자체가 우리 사회의 품격을 말해준다고 생각합니다.

　　사회의 어떤 단면은 그 사회의 전체상을 대변하기도 합니다. 때문에 저는 장애인학교가 지역의 사랑받는 학교가 되고, 지역주민들이 아이들과 손잡고 장애인학교와 구성원들을 위해 자원봉사를 하는 터전이 되는 사회가 선진국이라고 생각합니다.

　　어린 시절에는 '왼손'으로 밥을 먹으면 난리가 나고 야단을 맞았습니다. 그렇게 야단을 맞아가며 오른손잡이로 '교정'하곤 했습니다. 하지만 선진국이라 하는 것은 왼손잡이^{left-hander}와 오른손잡이가 차별받지 않고, 왼손잡이를 위한 각종 시장이 비록 상대적으로 작지만 탄탄한 시장이 되는 사회가 아닐까 싶습니다. 물론 저는 선진국 유토피아론으로 가고 싶지는 않습니다. 선진국도 문제가 많고, 우리가 앞선 지점도 분명히 있기 때문입니다.

다문화-다인종 사회에서 촉발되는 창의성?

속된 말로 요즘 '다문화적 창의성'이라는 개념에 '필'이 꽂혀 있습니다. 현재 우리 사회가 이전과 달리 다문화-다인종 사회로 이동하고 있다는 점에서 창의성에 대한 새로운 인식이 필요하다고 생각합니다. 다문화-다인종적 상황은 과거 '단일민족'적 상황에서는 길러질 수 없는 새로운 창의적 사고와 협동적 인성을 이끌어내는 계기와 자원이 될 수 있습니다. 자신들의 자녀만은 다문화-다인종적 상황을 피해가면서 가급적 그 상황에 어울리지 않도록 만들고 싶은 분들이 계신다면 관점을 바꿔볼 필요가 있습니다. 오히려 세계화시대의 새로운 창의성을 촉발하는 긍정적 환경이라고 생각해야 한다고 주장하는 이들도 적지 않습니다. 이런 '다문화적 창의성'이라는 시각에서 볼 때 민족-인종적 측면에서의 '낯선' 차이들이 존재하는 현 상황을 우리는 새로운 창의성이 발양할 수 있는 매우 긍정적이고 바람직한 환경이라고 보아야 할 것입니다.

장애와 비장애의 '차이'에서 만들어지는 새로운 계기

장애인 문제도 마찬가지입니다. 앞서 왼손잡이와 오른손잡이 이야기를 했는데, 만약 비장애인만이 사는 세상이 있고 장애인과 비장애인이 함께 사는 세상이 있다면, 후자에 사는 학생이 전자에 사는 학생보다 더 풍부한 상상력을 갖게 되는 계기가 될 수 있습니다. 장애와 비장애의 '차이'가 새로운 창의성의 계기이자 자원이 될 수

태어난 집은 달라도 배우는 교육은 같아야 한다

있기 때문입니다. 약간 다른 언어로 말하자면, 장애인특수학교 설립에 반대하는 행위는 미래지향적인 행위가 아니며, 미래지향적인 창의성을 증진시켜야 한다는 당위성에 비추어 볼 때 지금의 반대 행위는 미래의 우리 아이들에게 도움이 되지 않는다는 이야기입니다.

단지 장애인을 차별하지 않는 사회, 장애인특수학교가 쉽게 설립되는 사회 환경을 소망하는 차원만이 아닙니다. 미래사회는 다양한 차이들이 교차하는 사회이자 그것이 미래지향적 창의성의 원천이 되고, 그에 부응하는 사고와 행동이 필요하다는 것을 말하고자 하는 것입니다.

장애인의 날과 '더불어숲교육'

우리는 모두 한 번 정도는 '얼굴 화끈거리는' 부끄러운 기억을 가지고 있지 않을까요? 저도 마찬가지입니다.

지금으로부터 30여 년쯤 전이었을까요. 한 작은 학교에서 교무를 맡았던 적이 있습니다. 어느 날 한 장애인 학부모에게서 입학 문의가 왔었습니다. 장애를 가진 아들이 원서를 내려는데 면접점수 등 불이익 없이 받아줄 수 있는지, 또 강의 등 학교생활을 할 수 있는 시설이 마련되어 있는지에 대한 질문이었습니다.

그때 이 문제를 놓고 몇 사람들이 회의를 하면서 "받아주기는 하되, 우리가 시설을 미처 제대로 다 갖추지 못해 입학 후에 문제가 될 수 있으니, 입학 이후 시설 미비에 대해 이의 제기를 하지 않는다는 각서를 받자"라고 의견을 모았습니다. 시설 보완을 하려는 생각은 하지 않고 불만을 제기하지 않는다는 각서를 받으려고 하다니요…….

지금도 그때를 회상하면 얼굴이 화끈거리고 부끄러운 마음을

태어난 집은 달라도 배우는 교육은 같아야 한다

서울정애학교 학생회장인 이성민 군이 직접 그리고, 쓰고, 붙인 편지를 선물해줬습니다.
감사합니다.

금할 수가 없습니다. 그 당시의 열악했던 여건과 일반적인 인식의 수준을 전제하더라도, 장애인에 대한 배려와 공존, 그리고 그들을 위한 시설 등에 대한 인식과 감수성이 한참 낮았던 저의 모습을 지금도 반성하는 마음으로 기억하고 있습니다.

부끄럽지만 저의 어린 시절에는 장애가 있는 아이가 있으면 누나 시집가는데 흥이 된다고 집 밖으로 못 나가게 하던 집도 있었습니다. 장애인 아이를 키우는 모든 짐이 가정과 부모에게 전가되어 매 순간 '십자가'를 지고 살아가야 하는 시절이었지요. 사람들과 함께 부대끼며 살아가라고, 능히 감당할 만한 시련일 거라고 말하기엔 우리 사회에서 편견의 시선은 너무 따가웠고, 복지의 수준은 너무 부족했습니다.

그 시절에 비하면 장애인 차별금지법 등 상대적으로 선진적인 법을 바탕으로 다양한 장애인 배려 시설을 확대하는 수준으로 발전했지만 아직도 갈 길은 멉니다. 우리 사회와 국가가 함께 나눠야 하는 '십자가'의 무게는 여전히 버겁습니다.

특수학교인 서울정애학교에 가면서도 무슨 말씀을 드려야 할지 많이 고민스러웠습니다. 그러다 신년사에서 말씀드린 나무와 숲을 모두 가꾸는 '더불어숲교육'에 대한 저의 의지를 전하면 어떨까 생각했습니다.

"개개인이 나무와 같은 우리 아이들 하나하나가 개성 있게 그리고 소중하게 자라 아름다운 숲을 이루는 교육이 되어야 합니다. 나아가 장애인과 비장애인 등 다양한 차이를 갖는 존재들이 함께 공동체를 이루며 살아가는 교육과 그런 사회로 나아가야 합니다."

태어난 집은 달라도 배우는 교육은 같아야 한다

'숲교육'이 더욱 확대되길 바라며

숲교육이라고 들어보신 적 있으신가요? 지금까지 저는 숲교육을 주로 생태환경교육의 관점에서 바라보았습니다. 통상 숲교육이라고 하면 숲을 '체험'하는 교육을 생각합니다. 그런데 한 행사에 참석해 숲교육을 '인성교육'의 관점에서 바라보며 연구하고, 토론하는 많은 분들을 만나 뵈었습니다. 바로 서울교대에서 열린 한국아동숲교육학회 창립학술대회였습니다. '자연과 숲, 인성과의 만남'이라는 주제로 열린 학회에서, 저는 숲교육에 대한 새로운 의미와 저의 개인적인 추억 하나를 떠올렸습니다.

숲이라는 생태환경에서 인성교육이 이뤄진다

얼마 전 우리나라 숲의 공익적 가치가 126조 원에 이른다는 뉴스를 들으며 '숲'에 대한 고마움을 새삼스레 느꼈던 적이 있습니다. 숲에서 '똘레랑스'의 가치를 읽어낸 어느 시인의 시를 인상 깊게 감상한 생각도 납니다. 그만큼 '숲'이란 말만큼 단지 생각하는 것만으로도 편안함을 주면서 다양한 영감을 주는 말도 없지 않을까 합니다.

그럼에도 숲을 교육의 관점에서 바라본다고 하면 대개는 자연환경으로서의 숲에 대해 탐구하고 알아가는 교육을 생각하실 겁니다. 최근 우리나라에서도 많은 숲해설가가 양성되고 각종 숲체험 활동이 활발하게 이뤄지고 있습니다. 그러나 저는 아이들이 숲이라는 깨끗하고 청량한 환경에서 숲의 향기를 온전히 느껴보는 경험이 아이들의 인성 형성 과정에 긍정적으로 작용한다는 생각입니다. 그리고 그것이 바로 아이들의 전인적 성장을 위한 숲교육이 아닐까 하는 생각을 해보았습니다. 그리고 이를 위한 숲교육의 이론적 근거와 체계적인 방안을 선도하는 작업에 한국아동숲교육학회가 나서주셔서 감사한 마음이 큽니다. 우리 아이들이 풍부한 감수성과 협력적 인성을 지닌 창의적이고 주체적인 시민으로 성장하는데 '숲교육'이 앞으로 어떠한 역할을 할 수 있을지를 저도 이번 학회의 연구 성과를 바탕으로 더 깊이 있게 고민해보려고 합니다.

자연을 느껴보는 여유가 부족했던 밴쿠버 시절

학회에 참석하고 오는 길에 십여 년 전 캐나다 벤쿠버에서 교환교수로 있었던 때의 조금은 부끄러운 기억 하나가 떠올랐습니다. 2004~2005년 저는 캐나다 밴쿠버에 있는 UBC대학에 1년간 교환교수로 가 있었습니다. 잘 알려져 있다시피, 캐나다는 대자연의 숲을 가진 나라입니다. 제가 살던 학교 근처의 아파트에서 100m 정도 걸어가면 웅장하고 깊은 숲이 있었습니다. 그런데 그 당시 저는 그렇게 가까이에 있는 숲을 즐길 수 있는 삶의 여유를 갖지 못했던 것 같습니다. 숲과 함께하지 못했고, 숲이 주는 마음의 여유를 느껴보지 못했습니다. 도서관에서 수많은 자료들을 복사하고 정리했으며, 심지어 한 자라도 더 공부한다는 심정으로 강의를 한 10개쯤 청강하기도 했습니다. 당시는 그런 정도로 마음의 여유가 없었다는 생각을 하게 됩니다.

밴쿠버에서 돌아온 지 벌써 여러 해가 지났지만 그때 복사했던 자료의 5%도 활용하지 못했으니, (이런 표현이 조금 지나칠 수도 있겠지만) 어찌 보면 일종의 부질없는 짓을 했던 것은 아닌가라는 생각마저도 듭니다. 짧은 시간 동안 조금이라도 더 많은 지식을 쌓아보겠노라 안절부절못하느라 가까이에 있는 자연을 바라보지 못한 '반反자연적' 삶을 살았다는 반성을 스스로 해봅니다. 생각해보면 마음 하나의 차이로 우리는 가까이 있는 소중한 것들을 미처 보지 못하고 놓쳐버리는 경우가 많은 것 같습니다. 행복과 힐링의 기회도 그래서 가까이 왔다 지나가버리는 것은 아닌가 하는 생각이 듭니다.

교육에 대한 세 가지 짧은 생각

미래 역량을 강화하는 교육

교육에는 두 가지 과정이 있습니다. 하나는 지적으로 성숙한 존재, 다른 하나는 사회적 인격을 갖는 존재로 성숙시키는 과정입니다. 전자가 학력이고 후자가 인성입니다.

서울교육감에 취임하면서 저는 미래역량을 강조해 왔습니다. 미래역량이란 미래의 학력과 인성으로 구성됩니다. 이 미래역량은 미래의 변화에 대응하는 것이어야 합니다. 우리가 앞으로 맞닥뜨리게 될 미래적 변화는 크게 지구촌으로 통합되는 세계화이고, 다른 하나는 인공지능시대입니다.

이 두 가지 측면 모두에서 중요한 역량이 '협력'입니다. 60년대 이후 추격산업화 시대의 교육철학, 교육마인드는 기본적으로 1등 인재를 키워내는 것이었습니다. 일종의 일등주의 교육입니다. 서양과 경쟁에서 뒤지지 않는 1등 인재, 한 명의 천재가 만 명, 수십만 명을 먹여 살린다는 관점입니다.

태어난 집은 달라도 배우는 교육은 같아야 한다

저는 이 일등주의 교육이 한계에 다다랐다고 판단합니다. 따라서 미래사회는 고립된 천재를 중심으로 하는 홀로 독창성이 아니라 산재하는 다양한 역량들을 네트워크로 묶어내는 집단적 독창성이 필요합니다. 집단적 지성이라고도 할 수 있습니다

공공성에 대한 감각을 배양하는 공교육

공공성에 대한 감각을 배양하는 곳이 바로 공교육이어야 합니다. 그러나 한국은 공교육에서부터 공공성이 기묘하게 배제되어 있습니다. 공교육은 자격증을 따기 위해 시간을 때우는 과정처럼 되어 있습니다. 반면에 사교육이 더 중요하다고 인식되고 있습니다. 이것이 교육에서 공공성이 배제된 첫 번째 과정입니다.

두 번째로 국공립과 사립의 위상 문제입니다. 특히 고등학교로 가면 사립학교가 공립학교보다 '상위' 개념이 됩니다. 고등학교의 위계를 보면 맨 위에 특목고와 자사고가 있고 일반학교는 하위 학교처럼 되어 있습니다. 그러니까 공교육의 어떤 내적 붕괴가 있는 것입니다.

한편에서는 공교육보다 사교육이, 다른 한편에서는 공교육 내에서도 사립학교가 더 상위학교가 되어 있습니다. 게다가 일부이긴 하지만 사립학교가 공공성을 잃어버리고 '비즈니스'가 되어 버린 곳도 있습니다. 이렇게 교육에서 공공성이 왜곡되어 있다 보니 교육기관에서 공공성을 체득하는 게 더욱 힘이 드는 건 아닐까 싶습니다.

장애와 비장애인의 차이와 창의성 교육

창의성을 단지 과학기술 과목이나 정보화와 관련해서 생각하

는 경향이 많습니다. 그런데 현재 우리 사회가 이전과 달리 다문화-다인종 사회로 이동하고 있다는 점에서 창의성에 대한 새로운 인식이 필요하다고 생각합니다. 다문화-다인종적 상황은 과거에 '단일민족'적 상황에서는 길러질 수 없는 새로운 창의적 사고와 협동적 인성을 이끌어내는 계기와 자원이 될 수 있습니다. 이런 시각에서 볼 때 민족-인종적 측면에서 '낯선' 차이들이 존재하는 현 상황을 우리는 새로운 창의성이 발휘될 수 있는 매우 긍정적이고 바람직한 환경이라고 봐야 할 것입니다.

장애인 문제도 마찬가지입니다. 만약 비장애인만이 사는 세상이 있고 장애인과 비장애인이 함께 사는 세상이 있다면, 후자에 사는 학생이 전자에 사는 학생보다 더 풍부한 상상력을 갖게 되는 계기가 될 수 있습니다. 장애와 비장애의 '차이'가 새로운 창의성의 계기이자 자원이 될 수 있기 때문입니다. 다른 말로 하면 장애인특수학교 설립에 반대하는 행위는 미래지향적인 행위가 아니라는 점입니다. 오히려 미래지향적인 창의성을 증진시켜야 한다는 당위성에 비추어 볼 때 지금의 이러한 반대 행위는 미래의 우리 아이들에게 도움이 되지 않는다는 이야기입니다.

태어난 집은 달라도 배우는 교육은 같아야 한다

소외받는 어린이가 없는 사회를 위하여

　어린이날을 맞아 다시 생각해봅니다. 다행히 오전은 날이 맑아 나들이에 나설 수 있어 다행입니다. 오늘 하루만큼은 우리나라 모든 어린이가 마냥 행복하고 즐겁게 뛰어놀 수 있는 날이 되기를 진심으로 바라면서, 한 가지 깊이 생각해 봅니다.

　며칠 전 서울대사회복지연구소와 세이브 더 칠드런의 16개국 어린이 행복지수 조사 결과가 발표되었습니다. 그런데 우리나라 8세 아이들의 행복지수가 16개국 중 거의 최하위라고 합니다. 외모만족도가 최하위라는 것도 특기할 일이지만 가족, 친구, 학교, 지역생활 모든 면에서 행복도가 매우 낮다는 것이 마음을 무겁게 합니다.

　태어나는 순간부터 '헬조선'에서 살아남기 위한 부모들의 경쟁적 노력은 내 아이에게 각별한 '경제적 지원'과 '정서적 학대'라는 양면적인 한국식 양육 형태를 낳고 있습니다. '학대'라고까지 표현하는 것은 과하지 않으냐 하는 분들도 있겠습니다만, 다른 나라들과의 비교나 인류 보편적인 관점에 비춰볼 때 결코 정상적이지 않다는 점에서 충분히 강조할 만합니다.

　그 결과 아이들이 누려야 할 기본권적 상태, 즉 가족과 친구와 공동체적인 시간을 가지면서 함께 뛰어 놀고, 쉬고, 자연을 즐기면서 고운 성품을 길러가는 것은 더 이상 우리 사회에서는 꿈도 꾸지 못할 일이 되었습니다. 스마트폰을 손에 쥐고 학원을 전전하며 원하지 않는 학습과 공부에 내몰리는 것, 부모의 바람을 기준으로 성적을 올리고 경쟁력을 키워야 하는 삶 속에서 아이들이 행복감을 느낄 리 만무합니다.

　그런 점에서 대한민국 아이들은 '보편 불행'과 '특수 불행'이라는 이중의 불행 구조에 갇혀 있다고 하겠습니다. 보편 불행은 위에서 말씀드린 한국의 모든 아이들이 공통적으로 처해 있는 조건이고, 특수 불행은 그 속에서 각각의 아이들의 경제적 격차와 개인 환경의 차이로 인한 '서열적 불행'이라 하겠습니다. 한국 사회의 어린이들이 전반적으로 행복하지 않다는 점과 더불어 그나마 있는 행복의 양과 질도 개별적으로 차등이 있다는 점, 이 두 가지를 함께 극복하지 않으면 안 될 것입니다.

　모두가 행복해도 단 한 명이라도 보이지 않는 곳에서 고통받고 있다는 사실이 존재한다면 모두가 힘을 모아 그 아이를 구원하기 전까지 나의 행복을 잠시 유보할 수도 있는 것이 사회적 연대이고 공동체 정신일 것입니다. 오직 내 아이를 위한 어린이날이 아니라 남의 아이, 모두의 아이를 똑같이 귀하게 여기고 평등한 행복을 추구하는 어린이날, 그러한 공공적이면서도 공동체적인 어린이날의 정신을 만들어 가면 좋겠습니다.

우리의 교육, 학교, 교사의 역할도 다시 성찰해 봅니다. 교사들이 교육에만 힘쓰기 어려운 조건을 해소해나가는 것도 기본적으로 중요하지만, 전체적으로 우리의 교육이 성적과 실력이 아닌 우리 아이들의 생명, 삶, 관계, 이타성을 존중하고 키워가는 것에 소홀하고 있는 것은 아닌지 저를 비롯해 모두가 함께 되돌아보면 좋겠습니다.

학교는 제2의 가정이 되어야 합니다. 동시에 가정은 개인적 공간이 아닌 사회적 공간으로서 국가와 사회의 공통적 관심과 배려를 받는 곳이어야 합니다. 학교와 가정, 사회와 국가가 공공적으로 하나가 되어야 합니다. 부모의 역할, 교사의 역할, 사회의 역할이 분절되지 않고 하나가 되어 우리 아이들 모두를 책임지고 보살피는 것이 우리가 나아가야 할 교육복지국가의 모습일 것입니다. 그런 점에서 오래 전 추억 속의 '가정방문'이 어떻게 현대적으로 재창조될 수 있을 것인지도 고민해보겠습니다.

아이를 낳아 키우는 것이 두렵고 망설여지는 시대, 낳은 아이를 경쟁적으로 키울 수밖에 없는 사회, 그 아이들의 보편적 불행과 행복의 서열화, 차등화가 극심한 한국에서 어린이날이 단지 일 년 중 하루를 아이들을 위해 선심 쓰는 날이 아니었으면 합니다. 우리 사회의 아동 인권, 교육, 복지를 성찰하며, 평소 저의 지론인 '태어난 집은 달라도 받는 교육은 같아야 하는 것'처럼 어떤 부모 밑에 태어나도 똑같이 행복할 수 있는 그런 사회를 위해 함께 노력하는 어린이날이 되었으면 합니다.

-2017년 5월 5일

교육 예산은 미래에 대해 투자하는 비용

　'알파고 충격' 이후 우리의 학교 현장은 제4차 산업혁명과 인공지능시대의 역량 등 21세기에 걸맞은 창의적 교육과 미래역량 계발이 화두입니다. 그럼에도 우리의 학교 현실은 이런 미래지향적 고민은커녕 기본적인 안전 문제에 대한 대책조차 수립하지 못하고 있는 실정입니다.

　학교 현장은 우리 사회의 미래가 자라나는 곳입니다. 학교에 대한 투자를 소홀히 하면 어떤 희망찬 미래도 기대할 수 없습니다. 우리 사회의 미래를 이끌어 갈 청소년들에 대한 직접 투자에 우리 사회가 이렇게 인색하다는 것은 말이 안 됩니다.

　학교의 안전과 미래교육을 위해 적극 나서주시길 정부 당국과 국회에 간곡히 호소합니다. 더불어 시민들께서도 우리 사회의 미래를 위해 교육재정 확보 문제에 지속적이고 적극적인 관심을 가져주시길 호소합니다.

　　　　　　　태어난 집은 달라도 배우는 교육은 같아야 한다

분리교육이 아니라 통합교육이 이루어져야

　　자사고 학부모 대표와 8개 자사고 학부모님들과 만나 이야기를 나누었습니다. 이야기는 '평행선'을 달렸지만, 서로 솔직하게 여러 이야기를 나누었습니다. 자사고 학부모님들은 자사고 평가를 수용하지 못하겠다는 말씀도 했고, 학생 모집에서 미달사태가 났을 때의 대책 등 여러 가지 쟁점에 대해 이야기를 하셨습니다. 저는 서두에 자사고 정책을 추진하면서 갖는 아래와 같은 생각을 말씀드렸습니다.

　　"저는 초등학교에서 고등학교까지 '분리교육'이 아니라 '통합교육'이 이루어지기를 소망합니다. 공부 잘하는 아이들과 공부 못하는 아이들이 함께하는 교실, 잘 사는 집 아이들과 못 사는 집 아이들이 함께하는 교실이 우리가 추구해야 하는 정상적인 고교의 모습이라고 생각합니다.

　　물론 저는 영재교육, 수월성 교육을 부정하지 않습니다. 1974년 단행된 고교평준화의 틀은 사회경제적 양극화와 계층분화로 이제 내부로부터 균열되고 있습니다. 저는 서민이 다니는 일반고가 공교육의 중심에 확고히 서는 상태가 복원되어야 한다고 생각합니다.

이제 '모든 국민은 균등하게 교육을 받을 권리가 있다'라고 하는 헌법적 가치를 계승하는 평준화의 틀을 다시 개선하여 재정비하면서 동시에 우리 사회의 발전에 부응하여 수월성 교육과 다양성 교육이 그것과 어떻게 공존할 수 있는지에 대해서 고민을 해야 한다고 생각합니다.

저는 오히려 자사고 문제에만 한정하지 말고 새로운 선진국형 고교체제, 그것을 규정하고 있는 대학체제에 대해서 국민적 토론이 이루어지기를 소망합니다."

태어난 집은 달라도 배우는 교육은 같아야 한다

질문이 수업의 기본이 되어야

질문이 꼭 정답에 도달하기 위한 수단이 될 필요는 없겠죠. 모든 질문에 정답이 있는 것은 아니니까요. 옳은 정답, 옳지 않은 정답을 나누지 않고 자유롭게 의문을 갖고 비판해보는 '토론'을 강조하는 이유도 바로 이런 까닭입니다. 그리고 그 과정에서 상상력과 창의력도 마음껏 발휘될 수 있습니다.

미래 사회는 창의, 소통, 협력을 고루 갖춘 인재를 필요로 합니다. 교사의 수업이 학생들 스스로 질문을 만들 수 있는 기본 지식을 제공하는 과정이라는 것, 그리고 질문이 수업의 기본이 되어야 한다는 것에 저도 동의합니다.

아인슈타인은 "문제를 만들어내는 것은 해결하는 것보다 근본적인 일이다"라고 했습니다. 문제를 만들 줄 모르는 사회의 발전동력은 결국 떨어지기 마련입니다.

아인슈타인은 "문제를 만들어내는 것은 해결하는 것보다 근본적인 일이다"라고
했습니다. 문제를 만들 줄 모르는 사회의 발전동력은 결국 떨어지기 마련입니다.

'No.1교육'에서 'Only one 교육'으로!

사회는 구성원들이 협동하여 성취한 일의 성과를 나누고, 손실도 함께 나누게 되는 시스템입니다. 그럼에도 아직 많은 사람들이 학력은 경쟁을 통해서 향상된다고 믿고 있습니다.

새로운 것을 만들어 내기 위해 다른 영역과 소통하는 방법을 모르면 의미 없는 지식일 것입니다. 앞으로 변화할 시대에는 더욱 그렇습니다. 아이들에게 '어떻게 서로 지원할까', '혼자서는 할 수 없는 큰일을 어떻게 함께 달성할까'를 가르쳐야 합니다. 이를 위해 필요한 능력을 키우는 데 교육자원을 집중해야 할 것입니다.

이제 기존의 학벌이나 학력學歷과는 다른 새로운 학력學力관이 떠오르고 있습니다. 소위 미래사회의 핵심역량이라고 하는 창의성, 인성, 소통과 협력, 감성 등 교과 지식으로 측정할 수 없는 범교육적 역량이 주목을 받고 있습니다.

이제 하나의 잣대로 일등을 강요하기보다는 학생들이 갖는 다양한 잠재력과 능력, 소양이 다양하게 꽃피울 수 있도록 해야 할 것입니다. 이것을 저는 'No.1교육'에서 'Only one 교육', 즉 '한 사람, 한 사람을 위한 교육'으로의 전환이라고 표현합니다.

꼴찌에게 보내는 갈채

소년체전과 전국체전 시기가 오면 교육감들은 바빠집니다. 우선 각 시도별로 치른 예선을 통해 자랑스러운 시·도 대표선수가 된 학생들과 함께 '결단식'을 치릅니다. 본선이 시작되면 체전이 열리는 지역으로 달려가 선수들을 격려합니다. 서울 대표선수들과 결단식을 하면서 저는 이렇게 말했습니다.

"여러분은 그동안 흘린 눈물과 땀에 힘입어 자랑스럽게 이 자리에 섰습니다. 소년체전에서 승리의 기쁨을 누리기 위해 최선을 다해 주십시오. 그러나 실패하더라도 너무 상심하지는 마십시오. 실패는 자신을 돌아보는 기회이고, 그 성찰을 통해 더 큰 승리를 위한 도약의 출발점이 되기도 하기 때문입니다. 우리의 인생은 승리의 연속일 수는 없습니다. 실패를 통해 오히려 더 많이 배울 수도 있습니다."

소년체전은 우리 학생들이 스포츠를 통해 기량을 겨루면서 폐

어플레이 정신과 호연지기를 배우는 장입니다. 기량이 뛰어난 선수들에게 주어지는 금·은·동메달의 영예는 값지고 충분히 축하할 일입니다. 그러나 저는 체전 경기장에 달려갈 때마다 늘 예전에 읽었던 작가 박완서의 수필 〈꼴찌에게 보내는 갈채〉가 떠오릅니다. 우리 사회가 금·은·동에 환호하는 데 그치지 않고 끝까지 선전한 모두에게 갈채를 보내고, 실패의 가치도 인정해 주는 성숙한 사회가 되면 좋겠다는 생각 때문입니다.

꼴찌에게 갈채를 보내지는 못하더라도 메달 집계를 통한 이른바 '종합 순위'라는 것도 다양한 시각에서 접근해보면 좋겠습니다. 학생 수 면에서나 경제력 면에서나 다른 시·도에 비해 유리한 위치에 있는 서울이나 경기 등 대도시 지역이 메달 집계 종합순위에서 1, 2위를 다투는 것은 당연지사입니다. 그러나 여기에 좀 더 다양한 분석도구를 더하면 결과는 달라집니다.

실제로 서울시교육청은 지난해 10월 강원도에서 열린 전국체육대회 결과를 두고, 고등부를 대상으로 다양한 각도에서 통계 결과를 분석해 발표하기도 했습니다. 메달 순위에서는 경기도가 1위, 서울이 2위였으나 학생 수에 대비해 메달 획득 수를 비교할 경우 서울, 경기 등에 크게 앞서 강원이 1위로 나타났습니다. 또 학교 수로 비교할 경우에는 충북이 1위, 강원이 2위로 나타났습니다. 재정자립도 대비 메달 수를 비교할 경우에는 다시 강원이 1위, 서울은 9위에 머물렀습니다. 이런 통계 분석은 강원도가 학생과 학교 수가 적고

재정자립도도 낮지만 전국체전에서 거둔 성적은 상대적으로 매우 값진 것임을 알려줍니다.

서울시교육청이 이런 분석을 시도한 것은 하나의 현상에 대해 다양한 분석도구를 활용할 수 있으며, 그에 따라 다양한 시각이 존재할 수 있음을 학생들에게 보여주기 위한 것이었습니다. 다양한 시각을 인정할 때 우리 사회는 메달리스트에게 환호하면서도, 다른 한편으로 '4등' 혹은 꼴찌에게도 갈채를 보낼 수 있는 성숙함을 얻을 수 있을 것입니다. 그들은 더욱 어려운 조건에서 선전했을 수 있기 때문입니다.

SKY가 사교육?

제가 본방을 사수하는 프로그램이 두 가지 있습니다. 하나는 토요일 저녁 무렵의 '불후의 명곡'이고, 다른 하나는 '개그콘서트'입니다. 불후의 명곡은 우리에게 익숙한 노래를 신세대적 감각으로 편곡해서 젊은 가수들이 노래하니까 좋더군요. 개콘에는 우리 현실의 비극적 측면들이 가끔 희극적으로 표현되어서 좋아합니다(요즘은 가끔 웃찾사와 왔다갔다 채널 돌리기를 합니다).

어느 일요일 개콘을 보다가, 요즘은 SKY(서울대, 연·고대)가 사교육을 의미한다는 이야기를 듣고 무릎을 탁 쳤습니다. 코미디가 이렇게 사회풍자적일 수 있구나 하는 생각을 했습니다. 일류대에 가는데 이제 '사교육 빨'이 엄청난 영향력을 발휘하는 현실을 잘 풍자하는 말이었기 때문입니다.

우리 사회는 점점 더 '격차사회'가 되고 있습니다. 직업 간에, 정규직과 비정규직 간에, 고졸과 대졸 간에, 좋은 학벌 대학과 그렇지 못한 대학 간에 보상과 혜택의 격차가 너무 커져버렸습니다.

태어난 집은 달라도 배우는 교육은 같아야 한다

이제 어느 정도의 격차가 더 정의로운지, 어느 정도의 격차를 용인하는 것이 '최대 다수의 최대 행복을 위해서' 더 좋은지, 격차를 줄이기 위해서 무엇을 할 수 있는지를 고민해야 할 때입니다.

서울시교육청의 두 가지 주요 정책이 '일반고 전성시대'와 '고졸 성공시대' 정책입니다. 후자는 특성화고 지원정책입니다. 격차 사회를 줄이기 위해서는 고졸 성공시대가 열려야 하고, 서민이 다니는 일반고가 공교육의 중심에 확고하게 자리잡아야 합니다.

학벌체제 혁파와 급진적 상상력

    학벌로 상징되는 교육불평등 구조는 지역불평등 구조와 함께 우리 사회가 해결해야 할 국민적 개혁과제입니다. 자율형사립고 재지정 취소 문제는 과잉경쟁을 넘어 미친 경쟁이 되고 있는 학벌사회를 치유하기 위한 시도 중 하나입니다.

    우리 사회는 경쟁시스템에서 승리한 사람에게는 너무나 많은 보상이 주어지고 패배한 사람에게는 열패감이 평생 따라 다닙니다. 학벌과 직업에 의한 경제적 불평등이 교육 경쟁의 과잉을 낳고, 과잉 경쟁은 다시 교육불평등으로 이어집니다. 잘 사는 집의 아이들은 없는 재능도 돈으로 만들어낼 수 있지만 못 사는 집 아이들은 있는 재능도 계발하지 못하는 사회가 되어 가고 있는 것입니다.

    이는 중장기적 사회발전에도 악영향을 미칩니다. 어느 사회나 사회 구성원들을 열심히 일하게 하기 위해 일정한 경쟁은 불가피합니다. 하지만 우리 사회의 경쟁은 경쟁의 합리성을 파괴하는 수준에 이르고 있습니다. 학생들이 스스로 목숨을 끊을 정도의 고통스러운 경쟁 체제가 더 이상 지속되어서는 안 됩니다.

교육의 긍정적인 측면이 왜곡, 변질되어 학벌사회로 연결되었습니다. 유례없는 압축성장을 거둔 산업화 과정에서 모든 사람에게 교육은 기회의 통로였고, 교육이 능력 있는 사람을 선발하는 합리적인 방법이었다는 믿음이 지금도 남아 있습니다. 그로 인해 교육에 의한 불평등을 당연하게 받아들이는 사회적 인식이 있습니다. 그 결과 좋은 학벌을 가진 사람들은 그 특권이 유지되길 바라고, 거기에서 탈락한 사람들도 현 체제를 받아들이고 있는 것입니다.

지금 우리 아이들이 서로 공부를 더 잘하려 경쟁하는 배경이 학벌체제 덕분이라고 생각한다면 어떤 대안도 나올 수 없습니다. 산업화시대가 지나고 지식을 창출해야 하는 시기에 지금과 같은 구시대적인 교육으로는 창의적인 인재가 나올 수 없습니다.

그런 점에서 학교 현장 바깥의 제도적 실험으로 전국 국립대학을 하나로 묶어 공동 학위를 수여하고, 교수들을 순환 교류시키는 통합국립대학 안에 주목합니다. 서울대에 들어가는 3,500명이 되기 위한 경쟁을 3만 5,000명으로 완화시키면 그만큼 입시 경쟁을 줄여 교육을 정상화할 수 있다고 생각합니다.

교육개혁도 크게 보면 사회개혁, 정치개혁입니다. 노동시장에서는 학력별 임금격차를 깨뜨리는 지원책이 나오고, 장인적 능력을 가진 사람에게 실기교사가 되는 통로도 만들어주는 등 일종의 일탈 노력들이 필요합니다.

대학서열화 체제의 변화를 위해서는 초·중등 교육의 변화도 함께 이뤄져야 합니다. 학교 현장이 기존의 학벌 중심 입시경쟁 체제에서 벗어나 이탈적·대안적 교육 시도가 있어야 합니다. 그래서 혁신학교, 자유학기제, 행복교육 등을 거론했던 것입니다. 외부적인 변화도 필요하지만 아래로부터의 혁신적인 교육이 뒷받침될 때 학생들의 능력과 창의력이 존중 받는 통로가 만들어진다고 생각합니다.

태어난 집은 달라도 배우는 교육은 같아야 한다

학생자치의 동력이 될 '학생참여예산제'

"중학교 3년과 고등학교 3년, 내리 6년만 죽었다 생각하고, 다른 생각 말고 국영수만 열심히 해라. 하고 싶은 건 대학 가서 실컷 해라."

이런 말을 들어본 적 있으신가요?"

서울시교육연수원에서 열린 '학생참여예산제 이해를 위한 교사 연수 및 학생교육'에서 만난 여러 학교 학생회장들과 관련 업무 담당 선생님들에게 던진 물음입니다.

요즘에는 학교에서 다양한 창의적 체험활동이나 동아리 활동, 비교과 활동이 진행되고 있습니다. 단지 대학에 들어가는 데 필요한 평가요소를 뛰어넘어 인공지능시대를 맞아 학생 스스로가 주체적으로 결정하고, 적극적으로 참여하는 것이 중요한 교육적 활동이 되고 있습니다.

실제로 외국에서는 축구부 주장이나 학생회장의 경험을 아주 중요한 평가 요소로 다룹니다. 많은 분들이 앞으로 교육체제가 이러한 방향으로 바뀌어야 한다는 필요성을 제기하고 있고, 이미 바뀌고 있는 부분도 상당합니다.

서울시교육청도 '교복 입은 시민 프로젝트'라는 이름으로, 학생들을 열린 세계시민으로 육성하기 위해 학생자치의 기반을 닦는 다양한 정책들을 추진 중입니다. 그중 학생들이 스스로 동아리를 만들거나 행사를 기획해 볼 수 있도록 지원하는 정책이 바로 '학생참여예산제'입니다. 학생회 대표들이 앞으로 학교 현장에서 학교자치를 실질적으로 실천해나갈 리더가 되어 다채로운 활동들을 이끌어가게 될 것입니다.

다가오는 미래사회가 우리에게 요구하는 것은 주체적 판단능력, 협업능력입니다. 이러한 능력은 단순히 책상에 앉아 책을 읽는다고 주어지는 것이 아닙니다. 학생회 활동이나 동아리 활동처럼 학생들 스스로가 목소리를 내고 행동할 때 생길 수 있습니다. 최근 떠오르는 사회 이슈인 '만18세 선거권' 문제와 관련해서도 '학생참여예산제'를 중심으로 학생들이 캠페인 등 여러 가지 방법을 구상해볼 수 있을 것입니다.

'학생참여예산제'는 학생들이 자신의 삶에 영향을 끼치는 많은 영역에 대해 함께 머리를 맞대고 집단지성을 발휘해 보는 값진 경험을 할 수 있는 정책입니다. 이와 관련해서 2016년에는 학생회 운영비를 신설하고 '학생참여예산제'를 확대했습니다. 이후부터는 '학생참여예산제'를 중·고등학교로 전면적으로 확대하고, 학교운영위원회에 학생대표의 의견 제안권을 보장하는 식으로 학교운영에 학생이 더욱 적극적으로 참여할 수 있는 기회를 늘리고자 합니다.

'학생참여예산제'라는 정책이 계획에서부터 집행, 결산까지 학생들에게는 매우 중요한 교육적 과정이자 자치활동 과정이 될 수 있기를 바랍니다.

아이들에게도 저녁이 있는 삶을!

　신문을 보다가 우리 사회를 진단하는 다양한 '무슨, 무슨 사회' 열풍에 대한 기사를 보았습니다. 저도 언론과 인터뷰 등을 할 때 '만성피로사회', '벼랑끝 사회', '반공규율사회' 등의 개념을 사용하는데, 이 개념들은 현 단계 한국 사회의 위기 양상들과 문제 상황들을 드러내고자 하는 것입니다.

　이 점은 교육영역에서도 적용된다고 생각됩니다. 예컨대 저는 이렇게 이야기합니다. 30~40년 전부의 초기 산업화 단계('추격산업화'라고 부름)에서는 서양을 따라잡기 위해서 가능하면 '쉬지 않고, 놀지 않고, 잠자지 않고' 열심히 공부(서양의 발전된 지식암기)를 해왔습니다. 그것이 성과를 거두어 세계적 경제대국에 근접해가고 있습니다.

　그 결과 이제 교육은 '적절히 쉬고, 적절히 놀고, 적절히 잠자면서' 해야 창의적인 교육이 가능한 단계로 와 있습니다. 그러나 우리는 아직도 이전의 후진적 방식에 익숙해 있습니다. 따라서 적절한

태어난 집은 달라도 배우는 교육은 같아야 한다

쉼-놀이-잠 위에서 이루어지는 교육이 가능하게 우리 사회를 바꾸어야 할 것입니다.

저는 선거 과정에서 '아이들에게 저녁이 있는 삶을', '아이들에게 방과후와 주말이 있는 삶을!' 같은 구호들도 이야기하였습니다. 이것이 가능하게 하기 위해서는 교육 자체의 변화도 필요하지만 험악한 격차사회, 잉여사회, 절벽사회, 팔꿈치사회, 승자독식사회를 인간적으로 바꾸려는 노력이 병행되어야 합니다.

고교생 딸과 함께한 입시산행 3년

『누리야, 아빠랑 산에 가자』는 참 독특한 책입니다. 아빠랑 고교생 딸이 아기자기하게 실제로 함께 산행도 하고, 거의 산행에 준하는 '입시준비 산행'도 하면서 궁극적으로는 대학입시에도 성공한 흐뭇한 동행기입니다. 더구나 그 아빠가 노동운동의 현장에서 치열하게 살아가는, '그를 모르면 노동현장에서는 간첩'이라고 하는 한석호 선생이기 때문에 이 책은 더욱 독특하게 느껴집니다.

책을 읽으면서 저자는 참 행복한 사람이구나 하는 생각을 했습니다. 딸과의 아기자기한 3년의 시간을 추억으로 간직할 수 있다는 것이 얼마나 행복한 일이겠습니까. 많은 부모들이 젊은 시절엔 밑천을 모으느라 정신없이 바쁘고, 그 사이에 아이가 부쩍 커버리고 나면 부모와 자식 사이란 '소 닭 보듯'하게 되는 경우가 적지 않습니다. 저는 아들만 둘인데, 성인이 되고 나니 저자처럼 아기자기한 행복한 시간들을 많이 갖지 못했습니다. 아이들도 나름대로 각자의 일들로 저보다 더 바쁜지라 사정사정해서 가끔 맥주잔을 함께 기울이는 것이 전부입니다.

　우리는 먼 미래에, 좋은 대학에 들어간 이후에, 혹은 좋은 직장을 가진 이후에 행복해질 것이라고 생각하며 살아갑니다. 그러나 그러한 목표를 향해 가는 과정, 과정에서 행복을 느끼며 살아가는 것은 쉽지 않습니다.

　한석호 선생의 책이 저에게 특히 감동적이었던 이유는 행복을 먼 미래에 실현될 어떤 것으로 유보하고 살아가는 것이 아니라, 과정 속에서 행복한 삶을 구현하기 위해 노력하며 살고, 또 그것을 기록해냈기 때문입니다. 더구나 자기 삶을 돌볼 겨를이라곤 없을 정도로 치열하게 살고 있는 노동조합운동가가 그러했다니, 더 큰 감동이 밀려옵니다.

트럼프 현상과 미래교육

미국의 MB정부?

세계화에서 파생된 위기와 불안정성은 우리더러 점점 더 '낯선 세계'와 마주하도록 하고 있습니다. 이 '낯선 세계' 앞에서 과연 이 변화를 어떻게 해석해야 할지, 어떻게 살아가야 할지, 어떻게 행동해야 할지 고민하게 됩니다.

사실 한국에서는 트럼프를 거의 '수준 이하'라고 생각하는 경향이 많았던 것 같습니다. 그래서 제2의 클린턴 시대가 열릴 것을 당연한 것처럼 생각했습니다. 그만큼 변화의 저류를 파악하지 못했다는 이야기입니다.

트럼프의 당선은 새로운 현상이기 때문에 어떻게 해석해야 할지 고민스럽습니다. 제 스스로 이해하기 쉽게 트럼프의 당선은 '미국의 MB정부 등장'이라는 생각을 해보았습니다. 정치적·경제적 위기와 불안정성의 시대에 워싱턴(여의도)의 아웃사이더이자 '성공한 기업가' 출신의 대통령이 출현했다는 점에서 그러한 생각이 들었습니다.

물론 MB와 트럼프의 당선이 갖는 의미는 각각 다릅니다. 그 다름을 어떻게 해석해야 하는지 고민이 됩니다.

약육강식형 세계화의 의도하지 않은 결과

트럼프 현상과 트럼프의 대통령 당선은 90년대 중반 이후 약육강식형 세계화로 인해 나타나는 사회 위기와 국제질서의 위기, 거기에서 말미암은 대중의 삶의 불안정성과 불안을 배경으로 하고 있습니다. 그러한 대중의 정서가 우익 포퓰리즘 지도자인 트럼프에 대한 지지로 표현된 것이라고 생각합니다.

약육강식형 세계화로 인해 위기에 처한 그 사회와 세계는 전후에는 이른바 자유주의적 사회질서이자 세계질서였습니다. 바로 그 자유주의적 사회질서와 세계질서가 위기에 처하고, 그 위기의 영향과 효과는 개별 국가의 요인들에 의해 영향을 받으면서 다양한 양상으로 나타나고 있는 것입니다.

사회학을 전공한 입장에서 보면 사회는 '공동체'로서의 성격을 갖습니다. 약육강식형 세계화는 일정한 균형(자유주의적 균형)을 갖고 있었던 사회공동체의 해체적 위기를 동반하게 됩니다. 시장의 국내적 움직임만 가지고도 칼 폴라니는 일찍이 시장논리의 확대에 따른 사회의 해체적 위기와 그에 대응하는 자기보호운동의 출현을 이야기한 바 있습니다. 현재와 같이 세계화와 긴밀히 연결되어 있는 시장의 글로벌한 운동은 시장이 몰고 오는 사회 해체적 위기를 증폭시키게 됩니다.

전후의 자유주의적 사회질서와 국제질서의 위기

주지하다시피 2차 대전 이후 상대적으로 안정되었던 서구의 자유주의적 세계질서와 사회질서가 세계화의 거대한 파고 속에서 위기와 불안정을 겪게 되고, 여기서 대중이 구 '기득권 질서'에 대한 불신과 새로운 변화를 요구하게 되었습니다. 이러한 정서가 - 선거를 통해 경쟁하는 대통령 후보자 중에서 한 명을 선택해야 하는 조건에서 - 우익 포퓰리즘 성향의 후보에 대한 지지로 표현된 것이라고 생각됩니다.

그런 점에서 트럼프의 당선은 미국적 현상이기도 하지만, 세계적 흐름에 따른 현상으로 보아야 할 것입니다. 즉 90년대 중반 이후 전면화 된 세계화의 파고와 그 파장 속에서 이해해야 한다고 생각합니다.

사실 전후의 국가 질서와 세계 질서는 사회민주주의적 요소까지를 포함하는 '사회적 자유주의' 질서로 존재하고, 상대적으로 안정기를 구가하였습니다. 그러나 세계화의 쓰나미는 이러한 전후 질서를 불안정과 위기에 빠뜨렸습니다. 변화라는 것은 언제나 구 질서의 해체와 새 질서로의 이행을 포함합니다. 단지 지금은 새 질서가 출현하지 못한 시기입니다. 그것의 출현은 요원하기까지 합니다.

기존 세계화의 문제점

사실 세계화의 문제점은 반세계화운동과 세계사회포럼 등에서 집중적으로 지적되었습니다. 초국적 금융자본 중심의 세계화, 일부의 기득권층을 강화시키는 '바닥을 향한 경쟁'race to the bottom, 국제적 -

국내적 양극화, 미국 중심의 세계화, 약육강식형 세계화 등이 많이 지적되었습니다. 그런데 많은 사람들은 자신들이 이 세계화의 수혜자가 될 것으로 생각하면서 장밋빛 미래를 그리고 있었습니다.

그런 점에서 이번의 트럼프 현상은 사실 세계화의 수혜국가라고 하고, 세계화의 주도집단으로 비판받던 미국에서 벌어졌다는 점에서 특이하고, 세계화가 동반하는 위기와 불안정의 심도를 짐작하게 해줍니다. 그만큼 사회위기와 세계위기는 전면적입니다.

위기에 대한 다양한 반응

사실 위기와 불안정성을 동반하는 변화(해체와 새로운 질서를 향한 진통)의 시기에는 적극적인 정서와 행동이 한편에 있는 반면에, 소극적인 방어적 정서와 행동에 이르기까지 다양한 편차의 정서와 행동이 나타납니다. 그런 의미에서 영국의 브렉시트와 미국에서의 트럼프의 당선은 세계화의 위기와 불안정성에 대응하는 방어적 정서와 행동일 것입니다. 우리는 지난번 미국 대선에서 트럼프도 있었지만 또한 샌더스적인 현상도 공존하고 있었음도 보아야 합니다.

과거의 영광을 재건?

변화기에는 약자는 어떻게든 잘 적응해보려고 노력합니다. 그러나 강자는 과거의 영광과 과거의 위대함에 대한 향수를 갖게 됩니다. 미국발 '낯선 미래'가 찬란한 과거에 대한 향수와 결합되어 있음을 우리는 이번 선거에서 보았습니다. 브렉시트의 영국도 새로운 고립주의와 방어, 새로운 '굴기'를 통해서 위대한 과거를 욕망하는 점에서 동일합니다.

물론 저는 그런 미래는 없다고 생각합니다. 낯선 미래에 대면해 과거를 뛰어넘는 전향적 응전을 통해서도 대응하기가 어려운데, 퇴행적 응전을 통해서는 미래가 열리지 않습니다. 위기와 불안정성이 두드러지는 상황에서 소극적인 방어적 정서와 행동, 과거의 영광을 재현하려는 극단적 선택으로는 진정한 위기 극복이 불가능합니다.

자유주의적 질서의 긍정성마저 기꺼이 버리는

트럼프의 당선을 보며 생각하게 되는 또 하나의 흥미로운 점은 세계화에서 파생되는 위기와 불안정성 때문에 대중은 현존하는 질서에 대한 불신과 변화를 요구하게 되는데, 그 자유주의적 질서는 양면성을 띠고 있다는 점입니다. 자유주의적 질서는 현존하는 기득권 체제의 보호-유지 기제이기도 하지만, 다양한 소수자들의 권리와 이해를 제한적으로나마-보장하는 체제이기도 하다는 점입니다. 즉 기존의 자유주의적 질서가 불신을 받고 도전과 변화를 요구받게 되는 와중에 그 자유주의적 질서의 긍정적 측면이 유실되는 것도 용인된다고 하는 점입니다. 주지하다시피, 트럼프의 퇴행적인 언행에도 불구하고 백인 남성과 백인 노동자층의 트럼프에 대한 지지가 견고한 것도 이러한 점을 말해줍니다.

도덕적 프레임이 강한 한국의 반응

트럼프 대통령 당선을 보면서 저는 지금까지 제가 잘못 생각했던 점은 없는지 고민해 보았습니다. 한국 사회는 정치를 바라보는 데에 '도덕적 프레임'이 강한 사회입니다. 그래서 트럼프의 일탈적 언행에 대한 도덕적인 비판 의식 때문에 일종의 '수준 이하'라는 이미지를 갖게 되면서 상대적으로 클린턴에 대해 너무 우호적인 판단을 했던 것은 아닌가 생각했습니다.

물론 미국 자체에서도 〈뉴욕타임스〉 등 유수한 미국 언론들도 완전히 오판을 했던 것도 사실입니다. 그래서 변명할 말이 약간 있기는 하지만 어쨌든 현저한 오판을 했던 것은 사실입니다. 그래서 이를 계기로 사회조사 연구자들은 '실제'의 여론과 여론조사를 통해서 포착되는 여론 간의 갭을 설명하는 틀을 만들어 주었으면 합니다. 제가 생각하는 하나의 가설은 유권자가 '도덕적 우월성'을 느끼지 못하는 투표 선택에는 자신의 정치적 선호를 드러내지 않는 경향이 있다는 것입니다. 언론에서 '부끄러운 트럼프'의 투표라고 표현한 것도 이런 의미일 것입니다.

낯선 미래를 통해 배우는 것

하나의 질서의 위기, 즉 해체기와 새로운 진통기의 길은 언제나 지그재그로 전개됩니다. 가지 않은 길이기 때문에 하나의 고정된 경로는 없습니다. 사실 미래교육에서 강조되는 창의성도 바로 이런 낯선 미래와 치열하게 마주하면서 육성되는지도 모르겠습니다. 그래서 저도 이 낯선 미래를 새로운 배움의 기회로 생각하고 고민을 해보게 됩니다.

로이터 사진전을 보고

　'가야지, 가야지' 하면서 못 갔던 로이터 사진전을 보았습니다. 몇 가지 유명한 보도사진을 염두에 두고 그런 류의 사진들이 전시되려니 하고 갔는데, 훨씬 다양한 사진들을 접할 수 있어 즐거운 시간이었습니다.

　여러 사진 중에서 가장 인상적인 사진을 고르라면 아킨툰데 아킨레예 기자가 나이지리아에서 찍은 '라고스'라는 사진을 들고 싶습니다. 비극의 현장을 찍은 사진인데 오히려 몽환적인 사진으로 보였습니다. 벽에 쓰여 있는 다미르 사골의 말처럼 '보도사진은 관심을 촉발하고 사람들에게 더 많은 것을 알리기 위해 존재한다'고 할 수 있을 것입니다. 그리고 그 사진은 '세상이 한때 얼마나 위대하면서 잔인하고, 행복하면서 참담했는지, 그리고 불공정했는지를 시각적으로 상기시킨다'고 하겠습니다. 많은 역사적 현장, 비극의 현장, 사건의 현장을 찍은 사진들이 그 현장성으로 큰 감동을 주었습니다.

　　　　태어난 집은 달라도 배우는 교육은 같아야 한다

난민 '전문' 기자의 사진

아프리카에서 그리스로 생명을 건 항해를 하는 난민들을 집중적으로 찍어낸 야니스 베흐라키스 기자의 '난민 사진'도 진한 감동을 주었습니다. 삶과 죽음을 오가는 탈국경 이동의 도정에 있는 난민들의 절박한 표정들이 너무 인상적이었습니다. 그러면서 슬그머니 '헬조선'을 외치며 모두가 불행하다는 말을 입에 달고 살아가는 대한민국 안에서의 우리의 삶에 대한 안도와 상대적인 행복감에 잠시 젖었습니다.

용감한 잔인함과 무심한 잔인함

한나 아렌트는 '악의 평범성'에 대해 이야기했습니다. 그에 견주어 저는 '무심한 잔인함'이라는 것을 생각합니다. 극도의 분노에 싸여 있을 때, 상대집단을 '악마'로 간주하는 분노를 가질 때 우리는 용감하게 잔인하게 됩니다. 그리고는 남의 비극을 구경거리로 바라볼 때 우리는 '무심한 잔인함'을 갖게 됩니다. 이스라엘에 협력했다는 이유로 그 '부역자'를 차에 매달고 질주하면서 그에 환호하는 팔레스타인 전사들을 찍은 사진 앞에서는 이제 증오의 악순환에 빠져 있는 지구상의 많은 냉엄한 적대적 현장의 비정함을 새삼 대면하게 됩니다. 용감한 잔인함의 현장은 지금도 지구상에 얼마든지 있습니다.

모라이스가 찍은 리우데자네이루의 슈퍼마켓 카트에 들어 있는 '죽은 인간'을 바라보는 주위 사람들의 표정을 보았습니다. 그중에는 웃는 사람도 있었습니다. 가라니치가 찍은 우크라이나 사진도 가지런히 누워 있는 죽은 시체를 뒤로 하고 자연스럽게 걸어가는 사람들을 보여주었습니다. 무심한 잔인함은 사실 우리들 내부에도, 우리 곁에도 많이 있습니다. 아마도 대상에 대한 일말의 연민이나 애정, 관계성을 느끼지 못할 때 우리는 이러한 잔인함을 갖게 될 것입니다. 이 잔인함은 때로는 국가 간 갈등에도, 남북 간 갈등에도, 해묵은 팔레스타인과 이스라엘의 갈등에도 나타납니다.

비극적이지만 아름다운 지구

'유니크'Unique와 '지구상의 여행'Travel on Earth이라고 이름 붙여진 컬러풀하고 예술적인 사진들을 보노라면 비극적 사건들로 가득찬 우리의 우주가 또한 이렇게 아름다울 수 있구나 하는 생각을 하게 됩니다. 잠시 비극적 현실을 잊으면서 말입니다.

토마스 페터가 서울 창경궁에서 찍은 사진을 보면 우리의 현실은 어떤 시선을 가지고, 어떻게 포착하는가에 따라 전혀 다르게 보여지는구나 하는 생각을 절로 하게 됩니다.

사진전시를 따라 가다 보면, 많은 상념에 젖게 됩니다. 아마도 그렇게 다양한 상념에 젖게 하는 것이 이 사진전을 개최한 이유가 아닐까 싶습니다.

태어난 집은 달라도 배우는 교육은 같아야 한다

상상력을 잃어버린 사회는 죽은 사회

마이클 무어의 〈다음 침공은 어디?〉라는 영화의 시사회에 다녀왔습니다. 오랜만에 너무 재미있는 영화를 본 느낌입니다. 이른바 'fun'이 있는 영화였습니다. 또한 교육, 사회, 인권 그리고 함께 사는 인간의 가치에 대해서도 많은 생각을 하게 하는 영화이기도 했습니다. 많은 분들이, 그리고 더 많은 학생들이 이 영화를 보면서 우리의 현실과는 다른 새로운 사회를 꿈꾸어보면 좋겠습니다.

영화에서는 2차 세계대전 이후 한반도 전쟁에서 승리한 적이 없는 미 국방부가 마이클 무어에게 도움을 요청합니다. 무어는 이전처럼 석유를 빼앗기 위한 전쟁이 아니라 미국에는 없는 다른 나라의 좋은 점만을 '빼앗기'로 하는 새로운 '침공'을 시작합니다. 그리하여 9개 나라를 탐방하면서 미국에는 없는, 그러나 미국을 위해서 궁극적으로 좋은 것들을 찾아냅니다.

이탈리아에서는 8주의 유급 휴가를 사용하고 마지막 달에 한 달분 월급을 더 받는 기업과 사람들을 만납니다. 프랑스에서는 코스 요리로 학교급식을 제공하는 작은 공립학교를 '침공'합니다. 핀란드에서는 숙제 없는 학교에 놀라고, 학생의 행복한 삶을 안내하는 것이 교육의 목적이라고 말하는 수학교사의 말을 들려줍니다. 슬로베니아에서는 수천 달러의 부채를 안고 대학을 졸업하지 못하는 미국과 달리 완전 무상으로 대학 교육이 이루어지는 모습을 보여줍니다. 포르투갈에서는 마약을 범죄화하지 않는 정책을 소개하고, 그런 정책하에서 오히려 재범률이 미국보다 낮다는 것을 알려줍니다. 노르웨이에서는 재소자의 사회복귀를 돕는 것이 교정정책의 목적이라는 것, 자유를 빼앗는 것 외에는 감옥 내부의 삶이 감옥 외부보다 풍요로운 환경을 가졌음을 보여줍니다. 아이슬란드에서는 최초로 여성 대통령을 배출하고 의원의 50%가 여성일 정도로 양성평등의 새로운 차원이 열리고 있음을 보여줍니다. 이슬람국가인 튀니지에서는 우리가 일반적으로 가지고 있는 이슬람국가에 대한 많은 이미지들과 달리 사적인 영역에 대한 자유를 폭넓게 보장하고자 하는 정책이 시행됨을 보여주고, 양성평등을 새롭게 헌법에 명문화하고 여성권리 신장의 새로운 차원이 열리고 있음을 드러내 줍니다. 독일에서는 유대인 학살의 가혹한 역사를 외면하지 않고 현재의 학생들에게 전면적으로 가르치면서 과거 청산의 선진국이라고 할 수 있는 교실의 모습을 보여줍니다. 이런 것들이 마이클 무어가 '침공'을 통해 미국으로 '빼앗아' 갈 것들입니다.

잘 알려져 있다시피, 사회비판적 다큐멘터리의 세계적 대가인 마이클 무어는 〈식코〉(2007)에서 미국 의료제도의 문제점을 날카롭게 해부하고, 〈자본주의: 러브스토리〉(2009)에서 금융위기 등 각종 문제를 다루면서 우리에게 대안적 세상을 보여주고자 했습니다. 사회비판적 다큐는 대개 칙칙하고 무거운 이미지를 주지만 이 다큐는 계속해서 우리의 상상력을 배반하는 의외성을 가지면서도 매우 재미가 있고, 동시에 시종일관 우리에게 웃음을 선사합니다.

물론 마이클 무어가 미국으로 '빼앗아' 가고 싶은 그 현실 이면에는 또 다른 부정적 측면도 있을 것입니다. 우리가 바라는 유토피아적 모습이 현실에 꼭 존재하는 것은 아닐 것이기 때문입니다. 그럼에도 불구하고 나라에 따라서, 혹은 영역에 따라서 부러워하고 모방하고 배우고 싶은 것이 있습니다. 그의 다큐는 바로 그런 것들을 우리에게 감동적으로 보여주었습니다.

이 영화를 보면서, 저를 포함한 많은 사람들이 '과연 이렇게 해도 될까' 하고 반문할지도 모르겠습니다. 예컨대 학생들이 학교에 하루 3시간만 있어도, 그리고 숙제를 겨우 10~20분만 하고 나머지 방과후 시간에는 다른 일을 하더라도 과연 그 사회가 잘 유지될 것인가 하고 우려하는 학부모도 있을 것이기 때문입니다. 마약을 범죄로 취급하지 않는다면 과연 한국에서 어떤 일이 벌어질까 하는 생각도 들 수 있을 것입니다. 우리와 같이 학생 수가 많은 학교 환경에서 '코스 요리' 식으로 급식을 제공하는 것이 가능할까 하는 현실적인 의문도 있을 것입니다. 그러나 그 사회가 어떠한 사회의 모습을 가지고 있든지 간에 이러한 '부분'을 갖고도 그 사회가 잘 지속된다고 할 때 우리는 그 현실성에 신뢰를 보내도 될 것입니다.

저는 더 좋은 사회와 더 나은 미래에 대한 상상력을 잃어버린 사회는 죽은 사회라고 생각합니다. 사회 발전을 위해서는 때로는 급진적 상상력이 필요하다고 생각하는 때도 있습니다. 현실적이라고 하는 것이 때로는 언제나 비루한 현실을 정당화하는 언어일 수도 있습니다. 부러움을 한껏 가지고 무어와 함께 9개 나라를 여행하면서, 그래도 마이클 무어가 한국을 침공하면 '배워가고 싶어할' 것이 있지는 않을까, 있다면 무엇일까 하는 생각을 해보았습니다.

마지막 장면에서는 마이클 무어가 베를린장벽 옆을 걸으면서, 베를린장벽을 무너뜨리는 데 일조한 그의 친구와 함께, 현재는 불가능하다고 생각하지만 우리가 꿈을 꾸고 지속적으로 추구할 때 그것은 현실이 된다고 말합니다. 그것은 마치 불가능의 가능성을 위해 좌절하지 말고 전진할 것을 우리에게 요구하는 것 같았습니다.

태어난 집은 달라도 배우는 교육은 같아야 한다

'분노사회'로서의 한국 사회

저는 요즘 우리 사회가 '분노사회'라는 생각을 합니다. 현실에 대한 울분과 분노가 사회공동체의 저변에 쌓여 있고, 그 울분과 분노가 어떤 사건을 계기로 폭발적으로 표현되는 사회라는 점에서 그러합니다. 물론 이러한 분노사회적 특성은 단지 한국만의 특성은 아닐 수 있습니다. 2차 대전 이후 상대적 안정기를 구가하던 자본주의가 이른바 신자유주의적 세계화의 흐름 속에서 양극화와 고용불안 등 새로운 위기에 직면하고, 그것이 지구촌의 모든 사회를 구조적 불안정 속에 몰아넣고 있습니다. 때문에 모든 사회는 일정하게 분노사회로 작동하고 있습니다.

이러한 불안은 세계화의 주도국가라고 하는 미국에서마저 트럼프 현상이나 샌더스 현상을 낳을 정도로 깊고 넓으며 보편적입니다. 구조적으로는 한국에서도 고도성장기의 상대적 안정이 해체되고, 1998년 외환위기와 신자유주의적 경제정책과 노동정책 속에서 비정규직이 양산되고, 청년실업이 10%를 넘을 정도로 사회경제적 불안이 확대되고 있기 때문이기도 합니다. 더구나 우리의 고도성장이 불평등 유발, 혹은 분노 유발 성격을 띠고 전개됐기 때문에 더욱 그러합니다.

한국의 이러한 분노사회적 특성은 단지 구조적 위기에 따라 사회심리적 불안정이 확대됐다는 것으로만 특징지워지는 것은 아닙니다. 분노사회의 또 다른 특성은 계기적 사건에 대한 대중의 태도가 변화하고 있다는 것에서 주어집니다. 분노의 현실에 대한 대중의 태도가 단지 순응으로 나타나는 것이 아니라, 동일한 어려움에 처한 사람에 대한 공감과 연대의식, 권력에 대한 분노로 나타나고 있다는 점입니다. 즉 적극적 분노이자 집단연대적 분노로 표현되고 있다는 특징을 갖습니다.

최근 나타난 사건들은 이를 잘 보여주고 있습니다. 먼저 강남역 사건이 그러합니다. 이 사건은 단순한 '묻지마 살인사건'으로 치부되어 넘어가지 않고, 대한민국이라는 사회 속에서 약자로서의 여성의 삶이 얼마나 불안하고 힘겨운 것인가에 대한 공감과 연대, 그러한 현실에 대한 분노로 표현됐습니다. 뒤이어 발생한 구의역 사건 역시 우리 사회 분노의 현실과 분노의 정조가 어떻게 표현되는가를 잘 보여주었습니다. 그 사건은 열아홉 살, 아직 피어보지도 못한 비정규직 기간제 청년이 컵라면을 가방에 넣고 아무런 안전장치 없이 죽음의 작업에 투입된 현실에 대한 분노가 고스란히 드러난 사건이었습니다. 강남역과 구의역 사고 현장과 출입구에는 수많은 포스트잇이 고인을 추모했습니다. 그런데 이것이 이전의 분노와는 다름을 보여주고 있습니다.

저는 이러한 변화가 분노사회라는 조건 속에서도 우리 사회의 성찰적인, 그러면서도 전향적인 개혁으로 가는 동력이 될 수 있다고 생각합니다. 구의역과 강남역 주변을 뒤덮은 포스트잇을 보면서 저는 우리 사회가 '압축성장'으로 세계의 부러움을 받고 있다고 할 때 과연 '압축성숙'은 불가능한가 하는 생각을 해보았습니다.

지난해부터 계속 '헬조선'과 '엔포세대' 등 우리 사회의 작동 문제에 대해 근본적인 비판의 시각을 담은 담론이 유행하고 있습니다. 그를 통해 이런 사회적 사건에 대한 시민들의 분노와 공감의 감수성 지수가 매우 높아졌음을 느낍니다. 시민들은 한결같이 "지켜주지 못해" 아파하고, "얼마나 더 죽어야 하느냐"며 분노하고 있습니다. 이것이 분노사회의 한 단면들이라고 저는 생각합니다.

고위공직자인 교육부 정책기획관의 "민중은 개·돼지와 같다"고 하는 발언에 대한 반응도 이전과 사뭇 다른 것은 그 발언이 분노하는 현실을 운영하는 엘리트의 인식의 일단을 보여주었기 때문입니다. 한 보수적 교육관료의 엘리트주의적 편견이거나 취중 실언으로 보는 것이 아니라, 우리 사회의 총체적 현실 그 자체에 대한 분노를 표하고 있다고 생각됩니다.

문제는 이러한 분노사회적 현상에 대해 우리 사회가 어떻게 성숙하게 대응해갈 것인가 하는 점입니다. 대중에게 분노의 절제를 요구하거나, 이전의 소극적 분노사회로 돌아가라고 이야기하는 것만으로 해결될 것 같지는 않습니다. 우리 사회 저변에 깔려 있는 분노를 만들어내는 구조적 현실에 대한 보다 과감한 대책을 통해 우리 사회의 공동체적 인식을 회복할 수 있어야 합니다.

한 사회가 분노사회로 작동한다는 것은 이미 그 사회가 공동체의 해체 위기를 겪고 있다는 것을 의미한다고 봐야 합니다. 사적인 사안에 대한 잦은 분노의 표현은 인격의 미숙성을 보여주는 것입니다. 그러나 사회적 이슈에 대한 분노는 사회를 성숙시킵니다. 저는 이 사회적 분노가 '압축성숙'을 통해 우리 사회의 품격이 더욱 높아지고 살 만한 사회로 변화하는 계기가 되기를 소망합니다.

태어난 집은 달라도 배우는 교육은 같아야 한다

제퍼슨 사태와 관용에 대한 생각

농구 선수 제퍼슨이 경기 시작 전 애국가가 울려 퍼지는데 스트레칭을 해서 논란이 되고 있습니다. 논란이 일자 제퍼슨은 사과를 했습니다. 그럼에도 네티즌들은 그의 사과의 진정성에 대해 의문을 제기하기도 했습니다.

저는 이 일을 톨레랑스의 관점에서 지켜보면 어떨까 생각합니다. 한국 스포츠 현장에 외국인 선수들의 기용이 빠르게 확대되고 있는 현실을 감안하면 이런 일은 언제라도 재발할 수 있기 때문입니다.

이런 사태가 터질 때 저는 두 가지의 '성숙한 태도'를 기대합니다. 하나는 외국인 선수들이 자신이 활동하는 '외국'의 문화와 의례를 존중하는 성숙한 태도입니다. 다른 하나는 외부에서 온 외국인 선수들의 '무례한' 행동에 대해 필요한 비판과 지적을 하면서도 인내하는 심정으로 지켜보고 그에게도 성숙할 기회를 주는 또 다른 성숙한 태도입니다.

제퍼슨은 외국인 선수로서 전자의 성숙함을 보여주지 못했습니다. 그 점은 아쉽지만, 우리의 성숙한 대응이 그를 성숙하게 만들 수도 있다고 저는 생각합니다.

그럼 우리는 어떻게 반응해야 할까요? 제퍼슨과 같은 무례한 행동에 대해 징계와 퇴출 요구 등 강경한 목소리만 낼 것인가, 아니면 그런 비성숙함이 현지 문화를 잘 몰라서 발생한 일로 여기고 관용하며 그의 성숙을 인내심을 가지고 지켜볼 것인가. 저는 당연히 후자를 선호합니다.

우리는 국민의례를 하고 자랑스럽게 애국가를 부릅니다. 그런데 우리 사회가 다문화·다인종 사회로 변해가면서(우리의 학교에 다문화 학생이 이미 1%를 넘고 있습니다) 우리의 문화에 대해 익숙하지 않은 '타자'를 마주하게 됩니다.

타자에 대해서도 두 가지 태도가 있을 수 있습니다. 하나는 '동화주의'의 관점에서 어떻게든 외국인들을 우리의 문화와 의례에 통합시키려고 하는 태도입니다. 다른 하나는 세계화라는 시대의 조류 속에서 서로 다른 차이를 '다양성'으로 존중하는 '세계시민적 시각'이 있을 수 있습니다. 이런 세계시민의 시각을 가질 때 우리의 시야는 더 넓어지고 우리 사회는 더 성숙할 것이라고 저는 생각합니다.

저는 서울교육이 지향해야 할 방향의 하나로 '열린 세계시민 교육'을 강조해 왔습니다. 우리 학생들이 '동화주의적 다문화교육'을 넘어 성숙한 세계시민적 감수성을 길러갔으면 하는 바람이 있기 때문입니다. 다문화교육은 그 자체가 세계시민교육과 많이 중첩되지만, 궁극적으로는 세계시민교육으로 수렴함으로써 우리 사회를 더 성숙

태어난 집은 달라도 배우는 교육은 같아야 한다

시킬 것입니다.

　우리가 애국가를 자랑스럽게 부르고, 우리의 의례와 문화와 전통에 대해 높은 자부심을 가지면서도 우리와 이질적인 문화와 전통에 대해서도 존중하고 관용하고 배려할 줄 아는 태도를 가지면 좋겠습니다. 저는 서울의 학생들이 이렇게 다른 문화, 이질적인 관습, 타자에 대해 포용할 줄 아는 가슴 넓은 시민으로 성숙해졌으면 합니다.

세월호 사건과 4.16 교육체제

세월호 사건의 사회적·정치적 의미를 되짚어 보는 토론회가 서울시교육청 차원에서 있었습니다. 거리의 목회자 송경용 신부, 오준호 세월호 기록작가, 최호선 영남대 교수와 함께 저도 패널로 참여했습니다. 저는 그자리에서 이런 말씀을 드렸습니다.

극적 사건으로서의 세월호

세월호는 우리들과 우리 사회를 변화시킨 '극적 사건'입니다. 사실 개인과 사회의 변화에서 사건은 특히 중요합니다. 사건은 그동안 잠재적으로 존재하던 문제와 모순, 인식들을 극적으로 전면화하게 합니다. 세월호라고 하는 극적 사건 역시 그러합니다. 인간의 목숨을 좌지우지하는 선박의 운영, 아니 우리 사회의 운영에 내재된 어두운 측면들, 위기의 시점에서의 한국이라는 국가의 모습들, 우리가 직시하지 못하였던 세월호 이후 여러 모습들…….

극적 사건을 계기로 한 개인이나 사회는 이전의 개인이나 사회

태어난 집은 달라도 배우는 교육은 같아야 한다

와는 다른 존재로 변화합니다. 세월호 이전의 우리 개인이나 우리 사회는 이후의 우리 개인이나 우리 사회와 다릅니다. 물론 사회마다 변화의 정도는 다를 수 있습니다. 사건의 전환적 의미를 성찰적으로 수용해서 많은 변화를 하는 개인·사회와 그렇지 못한 개인·사회가 있습니다. 아마도 성숙도의 차이일 것입니다.

세월호 사건에서 생각해보는 두 가지 시선

저는 우리 모두가 이러한 두 가지 시선을 함께 갖는 것이 중요하다고 생각합니다. 예컨대 세월호 희생자를 '내' 아이로 생각하는 시선과 동시에 '우리' 아이로 생각하는 시선을 갖는 것입니다. 우리는 왕왕 '내' 자식과 '내' 아이의 문제로 사회적 문제들을 바라봅니다. 그런데 하나의 사안을 '내' 아이의 문제로만 접근할 게 아니라 '우리' 아이의 문제로 접근하는 시선도 필요합니다. 또 반대로도 생각해 볼 수 있을 것입니다.

우리는 일반적으로 사안을 '우리'의 문제로, 그리하여 나와 직접적으로 연관되지 않은 문제로 접근하는 시선을 갖고 있습니다. 무수한 재난이 발생하는데도 그것을 일반적인 '우리'의 문제로 생각해버리고 맙니다. 그런데 때로는 그것을 내 자식이 관련된 문제로, 내 아이의 문제로 접근하는 시선을 가져야 합니다. 그럴 때 그 사안의 절박성과 절절함을 공감하게 됩니다.

세월호 사건을 돌아보면서 저는 이러한 시선의 문제를 생각했습니다. 세월호 사건에 대한 '피로'를 이야기하는 부모님에게 어느 학생이 "아빠, 엄마, 세월호 사건으로 희생된 애가 나라고 해도 그렇게 말할 거야?"라고 물었다는 말을 들었을 때 큰 깨달음을 얻었습니다.

세월호 사건 이후 우리 사회와 개인들은 성찰적으로 변화해야 합니다. 세월호 사건의 전환적 의미를 각자의 영역에서 다양한 방식으로 해석하고 수용하고 실현하려고 노력해야 합니다. 국가안전을 책임지는 부서에서는 안전시스템의 대대적 전환을 실현해야 할 것입니다. 저는 교육의 영역에 있기 때문에 세월호 이전과 이후의 교육의 변화를 생각합니다. 세월호 사건이 계기가 된 교육의 변화를 '4.16 교육체제'의 실현으로 보답하고 싶습니다.

한국교육체제의 역사적 변화

먼저 4.16 교육체제를 한국의 교육체제의 역사적 변화라는 맥락에서 잠깐 생각해봅니다. 4.16 교육체제는 어떤 역사성을 갖는가를 생각해봅니다.

굳이 4.16을 계기로 교육체제 혹은 교육시스템의 변화를 이야기한다고 하면, 먼저 1960~70년대 초기산업화 시기에 우리 사회에는 국가주도의 추격산업화 교육체제가 존재했습니다. 서양을 따라잡고 서양의 일등인재와 경쟁할 수 있는 우리의 일등인재를 양성하는 교육체제였습니다. 엘리트 육성 중심적이고 국가주의적인 교육체제였습니다. 이것은 후진국을 탈피하고 고도성장을 달성하기 위한 국가주도의 교육체제였습니다.

이후 한국의 경제가 일정하게 성장하고 정치적 민주화가 본격화되면서 시장주의적 교육체제로 전환되게 되었습니다. 1995년 문민정부 시기의 5.31 교육개혁이 그 전환의 계기가 되었습니다. 우리

태어난 집은 달라도 배우는 교육은 같아야 한다

의 사회경제적 정책의 전환에 조응하여 교육에서도 기존의 국가주의적 체제를 시장주의적 체제로 전환하기 위한 실험이 시작되었습니다. 당시 세계화라는 국정기조는 이러한 전환을 세계적인 흐름에 맞는 것으로 정당화했습니다. 시장적 개혁을 대학운영이나 학교운영에 있어서도 본격적으로 도입하게 되었습니다.

이런 의미에서 본다면 4.16 이전의 교육체제는 바로 1960~70년대의 초기산업화 시기의 일등인재 혹은 엘리트 육성 지향적인 국가주의적 교육체제와 90년대 이후 부각된 시장주의적인 교육체제가 혼합된 체제라고 해야 할 것입니다. 우리가 4.16 '이후' 교육체제를 생각한다면 바로 이 두 가지 교육체제, 그 혼합된 체제의 문제점을 넘어서는 것이어야 할 것입니다.

4.16교육체제의 새로운 지향

현재적 입장에서 저는 4.16 교육체제의 세 가지 다른 지향을 생각해봅니다.

먼저 공동체적 인간을 육성하는 교육이어야 합니다. 나의 이해, 나의 권리, 나의 안위만이 아니라 타인의 이해, 권리, 안위를 존중해야 합니다. 나의 행위가 공동체에 미칠 파장을 인식할 수 있는 그런 인간을 육성하는 교육이어야 합니다.

다음으로 일등주의 교육이 아니라 학생 한 사람, 한 사람을 존중하는 교육이어야 합니다. 일등만이 의미를 갖는 엘리트주의적 교육을 넘어서야 합니다.

셋째로 학생들을 주체적인 인간으로 키우는 교육이어야 합니

저는 교육의 영역에 있기 때문에 세월호 이전과 이후의 교육의 변화를 생각합니다.
세월호 사건이 계기가 된 교육의 변화를 '4.16 교육체제'의 실현으로 보답하고 싶습니다.

다. 단지 피교육자만이 아니라, 혹은 순응주의적 인간이기만 한 것
이 아니라 자기주도적이고 자율적이며 자기결정능력과 자치능력을
갖는 주체적인 인간을 만드는 교육이어야 합니다. 우리가 학생들을
'교복 입은 시민'으로, 즉 권리를 향유해야 하는 시민으로, 그리고 자
기결정권과 자치능력을 갖는 시민으로 대우하고, 그렇게 교육해야
할 것입니다.

　물론 이 4.16교육체제는 앞으로 우리가 실현해가야 할 것이며,
그 내용은 현재로서는 마치 '빈 기표' 혹은 화두 같은 것으로 존재
하고 있습니다. 그러나 우리가 반드시 채워가야 할 미래입니다.

　　　　　　　태어난 집은 달라도 배우는 교육은 같아야 한다

제 3 부

걸어가는 사람이
많아지면
곧 길이 된다

___

태어난 집은 달라도
배우는 교육은 같아야 한다

60년대 이후 한국 사회는 고도성장의 시대를 거쳐 왔습니다. 세계가 부러워하듯이 한국은 최저빈국에서 경제선진국에 근접하는 위치에까지 오르게 되었습니다. 초단기간에 산업화에 성공한 나라로서 세계적인 인정을 받고 있으며, 피원조국에서 원조공여국으로 전환한 최초의 나라라고 하는 찬사도 듣고 있습니다.

그런데 경제성장과 산업화의 성공 과정은 대한민국의 부가 증대되는 과정이었지만 그 부가 균등하게 배분되는 것이 아니라, 잘 사는 사람과 못 사는 사람으로 분화되는 과정이었습니다. 이것은 어떤 의미에서 성장의 역설입니다. 성장하는 것은 좋은 일이지만 그 과정에서 잘 사는 사람과 못 사는 사람의 격차가 커지게 된 것입니다. 그런데 교육의 견지에서 보면 이 과정은 잘 사는 학부모와 못 사는 학부모가 분화되는 과정이었습니다. 우리나라처럼 교육에 관심이 많고, 아이들을 위해서 부모들이 무한대의 헌신을 할 자세를 가지고 있는 사회에서는 잘 사는 사람은 자신의 부를 자녀의 교육에 집중투자하고 있습니다. 이것이 역설적인 결과를 낳았습니다. 즉 잘 사는 학부모들은 자신의 부와 재산을 통해서 자녀의 '없는 재능'도 만들어내며, 반대로 못 사는 학부모들은 자녀의 있는 재능도 개발할 기회를 포기하는 결과가 나타나게 되었습니다. 부모의 사회경제적 격차가 아이들의 교육격차로 변모해서 확대 재생산되는 것입니다.

여기서 우리들의 고민이 시작됩니다. 이제 태어난 집이 다르면 교육도 달라지고, 달라진 교육은 부와 소득의 격차를 늘려 다시 다음 세대에서 태어난 집의 격차를 더 벌리게 됩니다. 이제 이러한 악순환을 막아야 합니다. 오히려 부모의 사회경제적 불평등을 교육평등을 통하여 상쇄하지 않으면 안 되는 지점에 도달해 있습니다. 그래서 저는 '태어난 집은 달라도 배우는 교육은 같아야 한다'고 말합니다.

최근에 저는 노동문제의 50%는 교육문제와 맞닿아 있다고 주장합니다. 노동문제는 한 사회의 사회경제적 불평등에 대항하면서 일하는 사람들이 정당한 보상과 대우를 받는 사회를 지향합니다. 그런데 한국 사회에서 사회경제적 불평등이 이제 교육을 통해서 재생산되는 상태로 전화되고 있기 때문에 교육문제는 노동문제의 성격을 강하게 지니고 있습니다.

사실 한 사회에 존재하는 다양한 일을 행하는 사람들에게 어

태어난 집은 달라도 배우는 교육은 같아야 한다

느 정도의 보상의 차이를 두는 것이 정당한가 하는 것은 첨예한 논쟁주제입니다. 사회학에서는 사회불평등 논쟁이 있습니다. Davies Moore 대 Tumin 논쟁이라고 하는 이 논쟁은 예컨대 청소부와 의사, 의사와 장군, 청소부와 변호사의 보상 차이가 과연 사회 유지에 필수적인가, 또한 어느 정도의 격차가 정당한가 하는 논의를 제기합니다. 우리 사회에서는 의사는 힘든 직종이고, 그 자격을 따기까지 많은 '희생'과 노력을 해야 하기 때문에, 너무도 당연히 고소득을 받는 힘든 직종으로 인식됩니다. 그러나 과거 구 사회주의 사회에서 의사는 국가공무원이고 그렇게 높은 보상을 받지 않았습니다. 지금도 러시아에서는 그런 전통이 남아 우리나라처럼 의사가 고소득 직종이 아닙니다.

그런데 한국처럼 실력주의, 학력주의, 능력주의^{meritocracy} 신화가 존재하는 사회에서는 공부를 잘 하는 사람에게는 큰 보상을 해주고 그렇지 못한 사람에게는 보상을 하지 않는 것을 당연하게 여깁니다. 학력 간 그리고 학벌 간의 보상의 차이와 차별을 당연한 것으로 여깁니다. 이런 속에서 정작 위와 같은 부모의 사회경제적 격차가 갖는 자녀의 교육성취 격차에 대해 의문을 제기하지 않게 되는 것입니다. 자연스럽게 고도성장의 과정은 학력 간-학벌 간 보상 격차가 확대되는 과정, 그리고 그것이 당연시되는 과정이 되었습니다. 그러나 이제 이러한 것도 의문시되고 다시 한 번 우리 사회의 보상의 차이에 대해서 진지한 논의를 해야 할 지점에 와 있습니다.

거의 모든 사람들이 교육은 평등해야 한다고 말합니다. 그리고 교육을 통해서 '개천에서 용이 날 수 있어야 한다'고 말합니다. 그러나 현실은 점점 더 개천에서 용이 날 수 없는 상황으로 가고 있습니다. 저는 믿고 싶지 않지만, 한 달에 3천만 원 하는 사교육을 받는 부잣집이 있다는 이야기도 들립니다. 한 달에 3천만 원 받는 사교육을 받는 학생과 '방과 후 학교'를 통해서나 보충수업을 받을 수 있는 학생의 교육격차는 도저히 상쇄되지 않을 정도로 큽니다. 이것이 우리의 현실입니다.

이런 현실이 고착되지 않기 위해서는 공공교육기관이 나서서 '정의로운 차등' 정책을 보다 과감하게 취해야 합니다. 못 사는 집의 아이들이 자신의 재능을 꽃피울 수 있도록 하기 위해서 최대한의 지원이 이루어져야 합니다. 그래서 부모의 사회경제적 격차가 동반하는 교육격차 효과를 최대한 상쇄할 수 있어야 합니다. 그렇지 않고, 못 사는 집의 아이들이 갖고 있는 재능이 체계적으로 사장되고, 잘 사는 집의 아이들의 재능만 꽃피울 때 우리 사회는 점점 더 '교육신분'적인 사회로 전락하게 될 것입니다.

그런데 교육신분적인 사회로 전락하는 것 자체가 문제가 아닙니다. 잘 사는 집 아이들이 갖고 있는 재능과 못 사는 집 아이들이 갖는 재능이 50 대 50이라고 할 때 우리 사회의 잠재적인 50의 재능이 체계적으로 그리고 지속적으로 사장된다는 것을 의미합니다. 이런 사회는 수십 년은 버틸 수 있지만 수백 년은 버틸 수 없습니다. 저

태어난 집은 달라도 배우는 교육은 같아야 한다

는 사실 우리나라의 고려나 조선시대의 신분제 사회가 몰락한 이유도 여기에 한 요인이 있다고 생각합니다. 그런 점에서 과감한 정의로운 차등 정책을 통해서 이러한 암울한 상황을 막아야 합니다. 이것이 한국 사회의 역동성을 살려내는 길이 될 것입니다.

지금 대한민국은 '두 개의 대한한국'으로 갈 것인가, 아니면 '하나의 대한민국'으로 갈 것인가의 갈림길에 서 있습니다. 그런 점에서 교육이 불평등을 해소하는 길이 되어야 합니다. 태어난 집은 달라도 배우는 교육은 같아야 합니다.

교육개혁의 '제4의 길'

새해를 맞으며 저는 "작은 실천이 쌓여 광대한 물줄기를 이룬다"는 뜻의 '적후류광積厚流光'이라는 사자성어를 화두로 삼았습니다. 이는 사회와 교육의 변화에 대한 국민적 염원과 열정을 모아 2017년을 '서울미래교육의 새희망'을 열어가는 교육혁신의 원년으로 삼겠다는 의지의 표명입니다.

교육혁신은 어느 날 갑자기 단절적으로 실현되는 것이 아니라 작은 노력이 쌓여 근본적인 변화를 만들어내는 것이라고 생각합니다. 교육혁신은 봄꽃이 피어나듯, 바람이 불듯, 소리 없이 낟알이 여물어가듯 홀연히 찾아오도록 해야 합니다. 서울교육이 '서울미래교육의 새희망'을 열기 위하여 우리 교육의 광대한 물줄기가 되도록 변화와 혁신, 미래교육을 구체화하고 실천하는 일에 꾸준히 매진하겠다는 의미입니다.

앤디 그레이브스와 데니스 셜리가 지은 『학교 교육, 제4의 길』은 교육개혁에서 '제4의 길'을 이야기하고 있습니다. 이 책은

태어난 집은 달라도 배우는 교육은 같아야 한다

1960~70년대 국가의 지원을 받은 전문가 주도의 교육개혁, 특히 사회민주주의적이거나 사회주의적인 개혁의 길을 제1의 길, 신자유주의적인 시장중심의 개혁을 제2의 길, 90년대 이후 평등과 효율을 조화시킨다는 명분 아래 진행된 정치적 제3의 길에 조응하는 교육의 제3의 길을 거론합니다. 제3의 길은 교육을 통한 역량구축과 강화를 중시합니다.

여기서 더 나아가 저자는 자기주도적인 성장과 발전으로서의 역량 발전과 핀란드식 협동교육, 지역사회의 주체적 목표개발 등을 강조하는 새로운 '제4의 길'을 강조했습니다. 그러면서 싱가포르, 캐나다 앨버타주와 온타리오주, 핀란드 등에서 이루어지고 있는 교육개혁을 그 예로 들고 있습니다.

저는 한국에서 아래로부터의^{bottom-up} 교육혁신운동과 위로부터의^{top-down} 교육혁신 정책과 행정이야말로 '동아시아형 교육혁신의 제4의 길'이라고 말씀드리고 싶습니다. 우리는 지금 '동아시아형 교육혁신의 제4의 길'을 개척해가는 과정에 있습니다. 이런 측면에서 저는 적후류광의 심정으로 쉼없이 혁신교육을 위한 노력을 꾸준히 지속하겠습니다.

−2017년 1월 1일

촛불시민혁명 '이후' 새로운 교육혁신

탄핵 이후 새로운 시대정신을 이어받는 교육혁신으로

2016년은 거대한 전환의 시기였습니다. 광화문 광장을 밝힌 연인원 천백만의 촛불은 대통령 탄핵소추안을 가결에 이르게 하는 등 국민주권, 민주주의에 대한 열망을 분출하는 상징이었습니다. 우리가 함께 경험한 이 사건은 가히 '촛불시민혁명'이라 불러도 좋을 것입니다.

저는 촛불시민혁명이 촉발된 원인은 박근혜 정부가 미래가 아닌 과거를 향한 퇴행적 질주를 했다는 데 있다고 생각합니다. '과거로의 질주'는 이른바 〈김영란법〉이 시행되는 시점에 공사의 구분을 무너뜨리며 권력과 돈으로 국가시스템을 사유화한 국정농단, 정유라 사건처럼 교육의 공정성을 무너뜨린 학사농단, 독재시대의 국정교과서를 복원시키는 역사교과서 국정화 추진 시도 등 다양한 방식으로 표현되었습니다. 국가와 기업의 관계에서 국가는 '약탈적'predatory 국가의 모습으로 나타났으며, 기업은 적극적 유착을 통해 특별한 사익

태어난 집은 달라도 배우는 교육은 같아야 한다

을 편취하는 모습으로 나타났습니다.

그러나 촛불시민혁명은 이러한 '과거로의 질주'를 '미래를 향한 전진'으로 전환시키는 것으로 응대했습니다. 이런 의미에서 촛불시민혁명은 거대한 시대정신의 전환을 내포하고 있습니다. 우리 모두는 이러한 시대정신의 변화를 각자의 영역에서 다양한 방식으로 이어받고 실현하는 노력이 필요하다고 생각합니다.

산업화-민주화 '이후' 사회를 향한 진통

돌이켜보면 한국 사회는 1960~70년대 고도산업화의 시대를 거쳐 80년대 민주화시대를 겪었습니다. 그 시대를 주도한 세력과 정신이 뚜렷하게 존재하였고, 그런 점에서 산업화 세력과 민주화 세력의 각축이 현재도 존재하고 있습니다.

그런데 한국 사회는 산업화의 성공적 진행으로 인한 경제적 토대의 변화 위에서 민주화의 성공적 진행으로 인한 정치사회적 변화가 이루어졌습니다. 산업화-민주화 '이후' 사회를 만들기 위한 극심한 진통을 겪고 있는 것입니다. 그 진통을 더욱 심화시킨 것은 90년대 중후반 이후의 글로벌 신자유주의의 거대한 흐름이며, 그 신자유주의 흐름의 내부화는 사회의 모든 구성원들을 사회경제적 양극화의 조건으로 규정하고 있습니다.

저는 박근혜 대통령의 탄핵은 산업화-민주화 '이후' 시대를 구시대적 패러다임으로 복원하고자 했던 산업화 세력의 몰락과 같은 의미라고 생각합니다. 이것은 박근혜 정부가 박정희 산업화시대의 정신적 유산(경제-안보 신화)에만 의존하면서 산업화-민주화 '이후'

시대를 구시대적 '박정희 패러다임'의 복원으로 응전했기 때문입니다. 그래서 역설적으로 박정희 패러다임, 박정희의 유산이 그 기반을 박탈당하는 상황에 직면하게 된 것입니다.

물론 민주화 세력이 과연 산업화-민주화 '이후' 시대를 주도할수 있을 것인지에 대한 도전적 질문도 제기되고 있습니다(노무현 정부에서 우리 모두를 부끄럽게 하는 높은 진정성의 가치를 남겼지만 만성적인 '통치의 위기'의 시기였다는 점을 상기해보자). 그런 의미에서 이번 촛불시민혁명으로 탄생한 2017년 체제는 1987년 체제를 뛰어넘는 산업화-민주화 '이후' 시대에 부응하는 혁신의 노력을 요하는 시대적 과제를 안게 되었습니다.

탄핵을 이루어낸 촛불민심은 구시대로의 질주를 역전시켜 사회의 모든 영역에서 미래를 향하는 혁신을 실행할 것을 요구하고 있습니다. 그리고 이러한 새로운 사회에 대한 열망은 시민들의 교육개혁요구로 이어지고 있습니다. 시민들은 사실상 촛불혁명의 주요한 계기가 된 "돈도 실력이다"라는 한마디에 응축된 불공정하고 불평등한 사회구조를 교육이 떠받치고 있음을 잘 알고 있기 때문입니다.

'더불어숲교육'으로 서울학생의 미래역량을 키우겠습니다

저는 단적으로 박정희 패러다임을 넘어 산업화-민주화 '이후'의 패러다임과 가치에 기초한 '새로운 국가-새로운 사회-새로운 교육'을 실현하는 것이 현 단계 우리 사회의 과제라고 보고 싶습니다. 촛불시민혁명은 탄핵의 성취 혹은 정치지도자의 교체로 완성되는 것이 아니라, 바로 이러한 새로운 패러다임과 가치에 기초하는 새로운

태어난 집은 달라도 배우는 교육은 같아야 한다

국가-새로운 사회-새로운 교육을 실현할 때 완성되는 것이라고 생각합니다.

이런 점에서 우리는 2016년 촛불시민혁명의 의미를 재해석하면서 과거의 낡은 틀을 벗어나 미래지향적인 새로운 교육체제를 구현해야 하는 과제에 직면해 있습니다. 이상의 의미에서 민주성-공정성-다원성에 기초한 공동체적 교육을 저는 '더불어숲교육'이라고 표현하고 싶습니다.

'더불어숲'이란 잘 아시는 바대로 신영복 선생의 말씀입니다. "나무가 나무에게 말했습니다. 우리 더불어 숲이 되어 지키자." 그동안 나 혼자만 높이 솟아 있는 나무, 내가 군계일학群鷄一鶴처럼 돋보이는 나무가 되는 것을 강조해 왔습니다. 미래교육은 이런 일등주의 교육을 넘어선 '더불어숲교육'을 우리에게 요구하고 있습니다.

'더불어숲교육'은 나무 한 그루 한 그루도 소중히 여기면서 함께 숲을 이루는 공동체의 가치도 놓치지 않는 교육입니다. 교육 불평등과 일등주의를 넘어 나무 한 그루 한 그루가 마음껏 개성을 길러가도록 하면서도 협동과 협력을 통해 비정상적인 입시 경쟁을 뛰어넘어 인공지능시대에 필요한 집단지성의 역량을 기르는 미래교육을 의미합니다.

'미래교육 상상 프로젝트'의 시작

숲은 나무의 미래입니다. 숲은 고정되어 있지 않고 변화에 적응하며 자기 지형을 바꾸고 넓혀 갑니다. '더불어숲교육'은 미래의 도전에 살아 움직이며 응전하는 '혁신미래교육'을 상징합니다.

한국교육의 혁신에 대한 필요성은 국내외에서 수많은 분들이 지적해 왔습니다. 고전 교육학의 선구자인 존 듀이는 "오늘의 아이들을 어제처럼 가르치면 아이들의 미래를 빼앗는 것이다"라는 경고를 남긴 바 있습니다. 미래학자 앨빈 토플러는 "한국의 학생들은 학교와 학원에서 하루에 15시간 이상을 미래에는 필요하지도 않을 지식과 존재하지도 않을 직업을 위해 낭비하고 있다"고 했습니다.

격변의 시대, 인공지능의 도래라고 하는 대전환의 시대에 우리는 모두 한국교육의 대혁신과 전환을 위해 함께 고민하고 새로운 길을 찾아나서야 합니다. 저도 그 시대적 책무에 우리 시대의 한 사람으로서, 서울교육을 책임진 사람으로서 고민하고 전진하도록 하겠습니다.

새로운 교육체제에 대한 시대적 요구는 서울교육청이 천명한 미래교육의 방향과도 맞닿아 있습니다. 서울미래교육은 "지성·감성·인성의 균형 있는 발전을 촉진하고 미래사회에 필요한 창의적 사고력 및 소통과 협력의 리더십 함양"을 추구해 왔습니다. 낡은 세계와의 결별과 다가올 미래와의 만남이 동시대 과제인 시점에서 우리 서울교육은 이러한 미래교육을 향해 나아가고 있습니다.

현재의 맹목적인 입시경쟁교육의 폐해는 서울교육이 미래로 나아가는 길목을 가로막고 있습니다. '로봇협력교사'의 탄생을 예고하고 있는 인공지능시대에 암기식 지식교육에 매달리는 것은 수명이 다한 썩은 동아줄을 부여잡고 있는 것과 같습니다. 우리 교육은 자라나는 아이들이 마주하게 될 새로운 세상, 새로운 미래의 도전에 대응할 수 있는 충분한 역량을 길러주어야 합니다.

태어난 집은 달라도 배우는 교육은 같아야 한다

서울시교육청은 지난 2014년부터 혁신미래교육을 복원하고 기반을 형성하고자 했으며, 그것을 계승하는 동시에 2016년에는 제4차 산업혁명, 인공지능시대를 대비한 '미래역량을 함양하는 교육'으로의 패러다임 전환을 예고한 바 있습니다.

이제 우리는 서울교육가족들과 더불어 학교와 마을에서 함께 진행하는 '서울미래교육 상상 프로젝트'를 추진하고자 합니다. 서울미래교육 상상 프로젝트는 제4차 산업혁명시대에 능동적으로 대응할 서울학생의 미래역량을 키우기 위하여 교육청뿐 아니라 모든 학교가 함께 상상하고 토론하고 연구하며 만들어가는 활동입니다. 뜻있는 교사, 학부모, 학생, 마을과 지역의 다양한 전문가들, 교육계 밖의 다양한 분야의 시민들과 교육의 변화를 위한 대화와 토론을 시작합시다. 학생, 학부모, 교직원 등 교육공동체가 힘을 합쳐, '미래교육 대토론회'를 통해 인공지능시대의 미래역량을 갖춘 창의적, 협력적, 능동적 인간을 길러내기 위한 '서울미래교육'을 함께 상상하고 구체화해 가기를 희망합니다.

혁신정책의 현장 안착을 넘어 아래로부터 '자율적 혁신'의 시대로

숲은 다양한 풀과 덤불과 나무가 저마다 영역에서 자율적으로 공존하며 숲의 전체 모습을 만들어갑니다. '더불어숲교육'은 자율과 분권의 학교자율운영체제를 상징합니다.

산업화─민주화 '이후' 시대에 부응하는 미래지향적 개혁은 박근혜 정부가 어느 지점에서 국민들의 분노와 저항을 촉발했는지 성찰하는 것에서부터 시작해야 합니다. 촛불시민은 새로운 사회체제

개편을 위해 대통령이나 중앙정부로의 권력집중 대신 분권과 자율의 확대를 요구하고 있습니다.

박정희 패러다임이 갖는 다양한 얼굴 중 핵심적인 것은 권위주의적 지도자가 막강한 권력을 가지고 일사불란하게 하향식으로 지시하는 행정일 것입니다. 이에 대응하는 민주성의 핵심은 분권과 자율을 증진시키는 것이라고 생각합니다.

촛불시민혁명 이후의 변화된 시대정신을 이어받는 혁신은 분권과 자율의 원리를 어떻게 교육 영역까지 확장할 것인가에 초점을 맞추어 나타나야 한다고 생각합니다. 이를 위해 서울시교육청은 본청과 교육지원청의 행정 중심적 사고를 벗어던지고, 과감하게 학교와 교사에게 권한을 이양하고 자율성을 대폭 확대하여 교육의 기본단위인 학교로부터 새로운 역동성을 만드는 일에 노력을 집중하고자 합니다.

우리는 지금 우리에게 요구되는 시대적 과제이자 서울미래교육 기반 구축에 필요한 또 하나의 큰 축을 '학교자율운영체제'의 구축으로 표현하고자 합니다. 교육청 주도의 획일적 정책 추진으로는 산업화와 민주화 '이후' 시대에, 나아가 4차 산업혁명시대에 학교 혁신을 이끌어내기 어렵습니다. 학교가 스스로 토론하고 학습하며 실현하는 혁신, 이것이 바로 미래교육의 시작일 것입니다.

불공정하고 불평등한 '교육적폐'를 해소하자

숲은 자율적으로 운동하며 자기 정화작용을 합니다. '더불어 숲교육'은 교육 불평등을 바로잡는 정의롭고 따뜻한 교육을 상징합

태어난 집은 달라도 배우는 교육은 같아야 한다

니다.

촛불시민혁명의 사회개혁 요구에는 사회적 불평등과 격차 해소라고 하는 큰 시대정신이 있습니다. 그리고 그 시대정신이 가장 절박하게 실현되어야 할 곳이 바로 교육 분야입니다.

산업화 초기만 하더라도 교육은 희망의 사다리였습니다. 가난하든 잘 살든 열심히 공부하면 교육을 통해서 모두 우리 사회의 인재가 되고 엘리트가 되고 부자가 되고 상층이 되는 희망을 가지고 있었습니다. 사실 산업화의 성공은 위대한 지도자 한 사람의 노력이 아니라 수많은 민초들이 교육이라는 희망에 기대어 근면성과 희생정신으로 자녀들의 교육에 매진한 덕이 컸습니다. 그런데 민주화시대와 신자유주의적 세계화시대를 거치면서 교육은 희망이라기보다 부의 대물림 수단으로 전락해 도리어 사회적 불평등의 구조화에 기여하게 되었고, 많은 복지정책과 불평등 대책이 만들어졌음에도 불구하고 사회 불평등과 교육 불평등에 대한 근본적인 해결 방안을 찾아내지는 못했습니다.

공정성은 과정의 공정성을 실현하는 것과 동시에 결과의 공평성을 동시에 실현하는 것이라고 생각합니다. 촛불시민혁명을 촉발시킨 교육농단의 실상을 지켜보며 시민들은 아이들의 꿈을 키워주어야 할 교육이 불공정하고 불평등한 사회시스템을 고스란히 반영하고 있다는 사실에 분개했습니다. 촛불시민혁명의 중요한 촉매제 구실을 한 '정유라 사건'에서 시민들은 "돈도 실력이다"라는 말에 응축되어 있는 우리 사회의 현실을 직시했습니다. 그것은 가장 공정해야할 교육마저 불공정하고 불평등한 사회 구조를 되레 확대 재생산하는 도구로 전락했다는 뼈아픈 현실이었습니다.

산업화 초기만 해도 "개천에서 용 난다"는 말이 통용되던 사회였습니다. 하지만 이제 더 이상 우리는 그런 희망을 말하지 않습니다. '할아버지의 재력'과 '부모의 학력'이 아이의 미래를 좌우하는 사회를 보고 있기 때문입니다.

하지만 정부의 적폐 해소를 논하는 현 시국에서 우리는 돌아보게 됩니다. 아이들이 자유롭게 자신의 미래를 꿈꿀 수 있는 교육은 진정 불가능한지, 그런 교육을 실현하기 위해서는 어떤 '교육적폐'를 일소해야 하는지 말입니다.

이에 대해 많은 분들은 부모의 사회경제적 지위 또는 계급·계층에 따라 교육 불평등이 심화되고 있는 사실을 우려하고 계십니다. 혹은 출발선은 다르더라도 그 과정만큼은 공정했으면 좋겠다는 바람을 말씀하시기도 합니다.

시민들의 이러한 바람을 조금이나마 실현하기 위해, 학교가 교육 불평등을 통해 사회적 불평등을 재생산하는 기제로 작용하지 않도록 하기 위한 정책적 노력을 지속할 것입니다. 저는 취임 초기부터 "태어나는 집은 달라도 배우는 교육은 같아야 한다"는 말을 통해 교육 불평등의 해소를 강조해 왔고, 실제로 이를 위한 정책적 노력을 꾸준히 기울여왔습니다. 교육소외 학생을 위한 맞춤형 교육복지 사업은 마땅히 지속적으로 확대하여 '정의로운 차등'을 실현하겠습니다.

협력종합예술, 협력적 인성을 기르는 '더불어숲교육'

저는 혁신미래교육을 '더불어숲'을 이루는 교육이라고 명명하였습니다. 그 상징적인 정책의 하나인 협력종합예술의 경우, 2017년에는 예산이 충분히 확보되어 거보^{巨步}를 내디디게 될 것입니다. 그동안 소개했다시피, 이는 중학교 3년 중 최소 1학기 이상 교육과정 안에서 뮤지컬, 연극, 영화 등의 종합예술활동에 학급의 모든 학생들이 역할을 분담하여 참여하고 발표하는 학생중심의 예술체험교육을 말합니다. 이것은 인공지능시대에 대응하는 미래역량 중 문화예술적 감성, 미적 감수성을 육성하기 위한 교육프로그램입니다.

저는 무엇보다도 이 프로그램이 협력적 인성을 만들어내는 '더불어숲교육'의 매우 중요한 상징이 될 것이라고 생각합니다. 협력종합예술을 통해 협력적 인성을 기르고, 각자가 뚜렷한 개성을 갖는 나무이면서 함께 숲을 이루는 기회를 가져보게 될 것으로 기대합니다.

협력종합예술 속에서 우리의 학생들은 모두 한 그루의 '나무'와 같이 시나리오 작성, 배우, 조명, 기획 등 자기만의 독특한 역할을 맡게 됩니다. 그런 역할들이 모여서 '더불어숲'처럼 뮤지컬, 연극, 영화 등의 종합예술로 완성됩니다.

협력종합예술은 중학교 교육과정에서 협력적 인성을 기르는 중요한 교육프로그램이 될 것입니다. 2017년 중학교 협력종합예술 프로그램의 성과를 바탕으로, 초등 고학년에 이를 확대하는 것도 적극 검토할 예정입니다.

위대한 촛불시민들이 절실하게 요구하고 있는 것은 한국교육의 대개혁입니다. 점수로 환산할 수 없는 '삶에 대한 내면의 힘'을 길러주는 교육, 불공정과 불평등을 부르는 차별과 관행이 없는 교육, 과

거와의 결별과 동시에 새로운 미래의 교육체제 탄생을 바라는 시대
적 요구에 부합하는 교육을 실현하는 길에 바로 우리 서울교육가족
이 함께 해 주실 것을 믿어 의심치 않습니다.

　　-2017년 1월 4일

태어난 집은 달라도 배우는 교육은 같아야 한다

저는 취임 초기부터 "태어나는 집은 달라도 배우는 교육은 같아야 한다"는 말을 통해 교육 불평등의 해소를 강조해 왔고, 실제로 이를 위한 정책적 노력을 꾸준히 기울여 왔습니다. 교육소외 학생을 위한 맞춤형 교육복지 사업은 마땅히 지속적으로 확대하여 '정의로운 차등'을 실현하겠습니다.

유아교육의 공공성 확대

'공영형 유치원'이 서울에서 두 곳 새롭게 문을 열었습니다. 너무 작은 숫자가 아니냐고 하실지 모르지만, 도도한 강물도 작은 샘에서 시작합니다. 유아교육의 공공성을 확대하기 위한 이 작은 노력이 결실을 맺으면 '공영형 유치원'은 더욱 확대 발전되어 새로운 모델로 굳건히 자리 잡을 것이라고 저는 확신하고 있습니다.

공영형 유치원이란 서울시교육청이 사립 유치원에 대해 공립 수준의 인적·물적 지원을 보장해 드리고, 대신 사립 유치원은 공립 유치원 수준으로 공공성을 보장하는 새로운 모델의 유치원입니다. 이를 통해 사립 유치원은 재정운영의 투명성과 운영의 건전성을 높임으로써 교육력을 획기적으로 제고할 수 있을 것이고, 교육청은 공립 유치원 증설과 같은 효과를 거둘 수 있으며, 학부모는 교육비 부담을 경감할 수 있는 일석삼조의 효과를 기대할 수 있습니다.

우리나라의 『헌법』 제31조와 『사립학교법』 제1조는 '국민의 교육을 받을 권리'를 실질적으로 보장하기 위하여 국가나 공공단체가

태어난 집은 달라도 배우는 교육은 같아야 한다

적극적·능동적으로 주도하고 관여하는 교육체계, 즉 공교육 제도를 전제로 하고 있습니다. 동시에 사립 유치원의 자주성과 공공성의 취지를 중시하고 있습니다.

유아교육의 공공성을 강화하기 위해서는 우선적으로 공립 유치원의 비율을 높이는 방안이 추진될 수 있습니다. 그러나 공립 유치원 확대를 위한 설립 용지와 예산 확보에 어려움이 적지 않으며, 초등학교 등 유휴 시설의 활용도 쉽지 않은 실정입니다. 특히 사립 유치원과 보육기관의 반대 등으로 학부모 수요 충족에 크게 미치지 못하고 있습니다.

한편 사립 유치원에 대한 처우개선비, 누리과정 등 재정지원 확대에도 불구하고 실제로 학부모들이 체감하는 학비부담 경감의 정도는 그다지 높지 않은 게 현실입니다. 특히 사립 유치원의 재정 운영을 투명하게 하여 공공성을 확보하는 일은 국무조정실의 현안에 들어갈 정도로 이미 우리 사회의 중요한 숙제 가운데 하나로 꼽히고 있습니다.

저는 공립에 비해 상대적으로 여러 가지 여건이 열악한 사립 유치원을 어떻게 지원하면 좋을지 고민해 왔습니다. 또 부적절한 회계 운영 등으로 인해 비판적인 여론을 사고 있는 사립 유치원이 운영 면에서 투명한 공교육 기관으로 바로 서도록 하는 방안에 대해서도 고민해 왔습니다. 이 과정에서 한편으로는 공립 유치원의 설립을 지속적으로 추진하면서, 다른 한편으로는 사립 유치원의 질적 수준을 높이고 투명성을 강화하여 공립에 준하는 수준으로 공영화 하는 방안에 대한 필요성을 절감하게 되었습니다. 이렇게 하는 것이 비용 대비 효과 면에서 더욱 효율적이라고 판단했습니다.

사립 유치원이 '공영형 유치원'으로 운영방식을 전환한다고 해서 사립 유치원의 건학 이념과 특색이 사라지는 것은 아닙니다. 고유한 건학 이념과 특색은 살리되, 거기에 공공성과 투명성을 더하여 교육력을 제고하고, 이를 통해 우리 유아들에게 더욱 바람직하고 신나는 교육과정을 제공할 것입니다. 서울시교육청은 '공영형'으로 전환한 사립 유치원에 대해서는 교육과정과 유치원 운영에 관한 컨설팅을 지속적으로 제공하고, 꾸준한 상호 협의를 통해 공공성을 확보하도록 할 것입니다.

'공영형 유치원'으로 전환한 사립 유치원에 대해서는 막대한 예산과 행정 지원이 이루어지므로, 공영형 유치원은 공공성의 보장을 위해 법인이사회에 '개방이사'를 과반수 선임하기로 교육청과 합의하였습니다. 개방이사는 유치원 혹은 교육청과 아무런 연고가 없는 외부의 유아교육 전문가로 구성될 것입니다.

공영형 유치원은 자가 소유 유치원으로서 현재 개인이 운영하지만 법인으로 전환할 계획이 있거나 법인이 운영하고 있는 사립유치원을 대상으로 합니다. 2017년 1월 2일부터 5일 간 공영형 유치원 공모신청을 받았는데, 모두 5개 유치원이 신청하였습니다. 교육청은 '공영형 유치원 선정위원회'의 심의를 거쳐 우선 협의 대상으로 선정된 유치원부터 접촉하였습니다.

협의 과정에서 어려운 점도 적지 않았습니다. 개인 소유 유치원이 법인으로 전환하려면 개인 재산권을 포기해야 한다는 점, 학교법인으로의 전환에 필수적인 수익용 기본재산을 확보하여야 한다는

태어난 집은 달라도 배우는 교육은 같아야 한다

점 등의 어려움 때문에 신청을 철회하는 곳도 있었습니다. 어떤 법인 유치원은 교육과정이 3세로만 되어 있고, 교사의 수가 교육청 기준보다 많아 신청을 철회하기도 하였습니다.

이러한 심의 과정을 거쳐 공영형 유치원을 신청한 사립유치원 다섯 곳 가운데 최종적으로 2개 원을 확정하였습니다. 한 곳은 서대문구 홍제동에 소재하고 있는 한양제일유치원이고, 다른 한 곳은 강서구 화곡동에 있는 대유유치원입니다.

한양제일유치원은 현재 개인소유 유치원이지만 법인 전환을 준비하고 있고, 대유유치원은 설립 때부터 재단법인으로 운영되어 오던 유치원입니다. 위의 2개 유치원은 2017년 3월부터 향후 5년 간 공영형 유치원으로 운영할 계획입니다.

교육청은 공영형 유치원에 행정 지원 및 재정 지원을 하게 됩니다. 공영형 유치원에 대한 행정지원의 내용을 말씀드리면, 지원 기간 중에 매월 교육과정 및 회계업무에 대한 컨설팅을 실시하고, 매 분기별로 평가 및 협의를 진행할 예정이며, 기타 운영에 필요한 정보를 제공합니다. 재정지원은 교직원의 인건비, 유치원 운영비, 교육환경개선비 등의 항목으로 이루어지며, 지원 규모는 공립 유치원 지원 기준 및 해당 사립 유치원의 실정 등을 감안하여 현장 점검과 협의 과정을 통해 결정하게 됩니다.

공영형 유치원의 회계 운영은 사학기관재무회계의 규칙에 따라 이루어지며, 각종 예산의 집행 절차는 공립 유치원의 집행기준에 준하여 처리됩니다. 추가적인 학부모 부담금은 없도록 하되, 특성화 프로그램, 졸업앨범, 현장학습 등 불가피한 수익자 부담경비 또한 최소화하도록 노력할 것입니다.

공영형 유치원의 선정, 운영, 평가, 해지 및 재약정 등 전반적인 운영사항은 교육청 및 외부 인사로 구성된 「공영형 유치원 지원위원회」를 구성하여 결정하며, 여기서는 교육청과 유치원간 약정 및 관련규정 위반 시 위반 경중에 따른 시정, 개선 및 벌칙 기준을 마련하여 그에 따른 예산 감축, 약정 해지 등 협약 이행과 관련한 제반 사항을 규정할 것입니다.

공립유치원의 신·증설 확대와 더불어, 올해 새 학기부터 첫 선을 보이는 '공영형 유치원'의 병행 운영 등 유아교육의 공공성 확대를 위한 노력은 지속될 것입니다. 이를 통해 학부모들의 공립 유치원 증설 요구에 좀 더 부응할 수 있을 것입니다. 동시에 사립 유치원의 공공성 증대에 중요한 기점이 되어 우리 유아교육의 교육력을 획기적으로 높이는 밑거름이 될 것으로 기대합니다.

-2017년 2월 28일

시민명예혁명의 완성은 교육개혁으로

　　오늘 우리 시민은 새로운 역사를 썼습니다. 지난해 하반기부터 드러나기 시작한 국정농단과 교육농단의 책임을 물어 박근혜 대통령에 대한 탄핵안이 헌법재판소에서 인용되어 확정되었기 때문입니다.

　　우리 헌정 사상 최초로 성취된 대통령 탄핵은 심각한 실정을 저지른 선출권력을 시민의 힘으로 합법적이고 평화적인 절차에 따라 권좌에서 끌어내렸다는 점에서 우리 사회의 민주적 역량을 충분히 보여준 시민명예혁명이라고 평가하고 싶습니다.

　　저는 서울시교육감으로서 이번 탄핵은 국정농단과 더불어 교육농단에 대한 탄핵이기도 하다는 점을 다시 한 번 강조하고 싶습니다. 또한 국정농단과 교육농단의 폐단이 집약된 대표적 실정인 국정교과서 정책에 대한 탄핵 또한 이번에 함께 인용된 것이라고 해석하겠습니다.

　　국정농단도 범시민적 분노의 대상이었지만, 교육농단은 우리 사회의 적폐가 얼마나 심각한가를 민낯 그대로 보여준 더욱 치명적인 사건이었다고 생각합니다. "돈도 실력이다"란 말이 대변하는 맹목적 일등주의와 경쟁만능주의에 대한 성찰과 재검토는 이제 우리 사회의 화급한 현안으로 떠올랐습니다.

저는 2017년 한국의 시민명예혁명은 탄핵의 성취 혹은 정치지도자의 교체로 완성되는 것이 아니라, 새로운 패러다임과 가치에 기초하는 새로운 국가-새로운 사회-새로운 교육을 실현할 때 완성되는 것이라고 말해 왔습니다. 정치, 외교, 경제, 사회 전반에 개혁과 새바람이 절실합니다. 그중에서도 우리 사회에 미래에 대한 확신과 희망을 던져줄 수 있는 가장 확실한 개혁은 교육개혁입니다. 그래서 다른 시·도 교육감들과 함께 "한국은 교육대통령을 원한다"는 내용으로 기자회견을 하기도 했고, K-5-4-3의 학제 개편과 교원인사 혁신, 대학체제 개편 등을 포함한 12가지 국가 교육개혁 의제를 발표하기도 했습니다.

탄핵은 실패의 역사이자 성공의 역사입니다. 선출권력을 제대로 구성해서 국정을 맡기지 못했다는 점에서는 실패의 역사입니다. 그러므로 우리는 새로운 권력 구성을 앞두고 뼈저린 반성을 해야 합니다. 타성과 안일한 선택은 실패의 역사를 되풀이할 수 있습니다. 그러나 탄핵은 성공의 역사이기도 합니다. 선출권력을 권좌에서 끌어내리는 데 성공한 시민의 역량이라면 지극히 복잡하고 어려워 보이는 교육개혁이라 할지라도 이뤄내지 못할 이유가 없습니다.

햇볕이 있을 때 건초를 말리라고 했습니다. 국가를 재조직하는 거대한 태동이 시작된 이 중차대한 시기에 교육개혁 또한 더불어 큰

태어난 집은 달라도 배우는 교육은 같아야 한다

진전을 이룰 수 있도록 시민 여러분들께서 최선의 지혜와 역량을 발휘해주시길 당부드립니다. 저 또한 서울시교육감으로서 서울교육을 공정하고 정의롭게 지키고, 새로운 패러다임의 서울교육을 만들어나가기 위해 최선을 다하겠습니다.

－2017년 3월 10일, 박근혜 대통령에 대한 탄핵안 헌재 인용을 보며

〈대학서열체제개편안〉 제안에 부쳐

대통령이 탄핵되는 국가 초유의 사태를 맞았습니다. 우리는 이를 위기가 아닌 오히려 기회로 삼아 우리 사회 전반에 대한 대대적인 변혁의 흐름을 만들어가야 합니다. 다수가 강조하는 사회통합, 국민통합도 대단히 중요하지만, 그것이 더 중요하게 제기되는 '적폐청산' 포기에 대한 또 다른 표현이어서는 안 될 것입니다.

국민통합은 통합을 위한 사회적 환경과 심리적 조건을 만드는 것이 우선되어야 합니다. 교육에 대입해본다면 오히려 교육으로 인한 불평등이 심화되고, 과정이 공정하지 않으며, 대학 입시를 놓고 벌어지는 맹목적이다 싶을 정도의 무한경쟁 속에서 소수의 배타적 생존만 가능한 '야만스런 정글'을 인간적 구조, 평등한 토대로 바꿔내지 않고서는 국민통합은 결코 이뤄질 수 없을 것입니다.

우리 교육의 불공정한 구조와 국민통합의 어려움

우리의 교육에 있어서 현재의 불합리하고 불공정한 구조는 두

태어난 집은 달라도 배우는 교육은 같아야 한다

가지로 구성되어 있습니다.

하나는 오로지 성적으로 대표되는 차가운 능력주의로 학생을 서열화하고 등급화하여 이에 따른 보상을 달리하고, 그것이 결국 대학과 직업에까지 이어지면서 인간의 삶을 불평등하게 규정하는 것입니다. 이러한 교육의 기본 구조가 우리 교육의 부끄러운 자화상입니다.

다른 하나는 그 과정마저 기회의 평등과 분배의 평등 모두를 보장하지 못하고 있다는 점입니다. 이른바 흙수저, 은수저 이야기가 그렇습니다. 착하고 성실한 사람을 대우하는 사회가 아니라 '잘난 사람' 중심의 사회 구조에서 교육은 심하게 말하면 그 자체가 부와 권력 재생산의 부역 기능을 하게 됩니다. 이것이 우리 교육의 불편한 진실입니다. 능력적으로 잘난 사람, 경제적으로 잘난 사람, 권력적으로 잘난 사람들이 이 사회의 부와 권력을 독점하는 위치에 도달하는데 교육이 편파적 도구가 된다면 차라리 교육은 멈추는 것이 나을 것입니다.

초중등 교육과정 그리고 진로와 진학 전 과정에서 개인의 사적 자원이 교육의 질과 삶을 결정하는 교육제도의 미비와 불공정성에 더해, 심지어 불법과 비리, 부정과 부패가 추가로 개입하는 구조라면 더 이상 교육은 존립할 이유가 없어집니다. 우리는 그 극단적인 사례를 '최순실, 정유라의 교육농단' 사태에서 보았습니다. 교육감인 저 스스로도 뼈저리게 반성하는 지점입니다. 정당한 노력과 경쟁 대신 줄과 '빽' 등 전근대적인 연고주의가 횡행할 때 교육에서 삶의 희망을 찾기는 어려워집니다. 이런 대한민국 교육 환경에서 흙수저와 은수저의 교육적 통합이란 말은 공허하거나 사치스럽기만 합니다.

최근 여러 기회를 통해서 반복해서 강조하고 있습니다만, 저는 지금이 바로 대한민국의 교육을 바꿀 절호의 기회이면서, 또한 동시에 교육과 사회를 함께 바꿔야 하는 때라고 봅니다. 그래야 비로소 교육이 바뀔 수 있습니다.

12가지 국가 교육개혁 의제 제출의 목적은 입시경쟁교육 해소

서울시교육청은 지난해 2월에 〈미래를 여는 새로운 교육, 국가 교육개혁 의제〉 12가지를 발표한 바 있습니다. 일부는 교육청 차원에서 구현 가능한 것도 있지만 대부분은 국가 수준에서 바뀌어야 할 것들입니다.

대한민국 교육은 한마디로 '입시경쟁교육'이라고 정의됩니다. 그런데 이것은 교육청의 초중등교육 차원에서 원해서 하는 것이 아니라 대학체제, 사회체제상 강제되어 있기 때문입니다. 입시경쟁을 통해서 일부의 성공이 보장될 수도 있겠지만 대다수의 국민을 가혹한 비교육적 경쟁에 내모는 그러한 교육이 정상적인 교육일 수는 없습니다. 서울시교육청이, 그리고 교육감인 제가 입시교육을 멈추고 싶어도 거대한 사회적 힘과 국가 수준의 법제도가 옴짝달싹 못하게 하고 있습니다. 우울한 표현이지만 대한민국에서 입시교육을 멈출 수 있는 이가 있다면 그는 신과 다름없을지도 모릅니다. 그러나 입시교육 역시 하늘에서 떨어지거나 바깥세상에서 강제된 것이 아닌 바로 우리 사회에서 우리가 만들어내고 있는 지극히 인간적인 일입니다.

태어난 집은 달라도 배우는 교육은 같아야 한다

즉 인간의 힘으로 다시 바꿀 수도 있다는 의미입니다.

　지난 12대 의제 발표에서 유독 학제개편안이 주목을 받았습니다. 하지만 국민적, 사회적 논의와 합의를 통해 어떤 형태로든 학제개편이 이뤄진다고 하더라도, 그 학제개편안을 통한 미래지향적인 인간형 육성을 위한 새롭고 다양한 교육과정의 노력들조차 거대한 입시의 벽 앞에서는 무력하게 왜곡될 것입니다. 그렇기 때문에 그 12대 의제 중에서도 전제적 위치에 있는 것이 바로 대학체제개편안이라고 하겠습니다. 정확히는 대학서열 해소 방안입니다. 또한 단순히 대학체제의 개편 자체가 목적이 아니라 어디까지나 입시교육 해소를 통한 초중등교육의 정상화가 출발점이자 귀착점이라는 점을 강조드립니다.

　저로서는 12가지 국가 교육개혁 의제 그중에서도 가장 쟁점적이고 중요한 의제를 고르라고 한다면 단연 이 대학체제 개편안을 들고 싶습니다. 저는 초중등교육의 정상화를 제약하는, 그 모든 노력을 무화시키는 블랙홀 같은 대학체제, 대학서열, 대학학벌체제에 대한 개혁이 필요하다는 강한 소신을 가지고 있습니다. 그것이 12가지 의제를 제출하는 동기입니다. 정부의 교육 담당자도 아니고, 정치인도 아닌 초중등교육을 직접 관장하고 우리 아이들이 고통받고 있는 것을 직접 목격하고 있는 교육감으로서 가장 절박한 문제이기 때문입니다. 대학체제개편안도 그러한 관점에서 이해를 해주시면 좋겠습니다.

　한편으로는 초중등교육을 담당하는 교육감이 웬 대학체제개편안을 주장하는가 하고 의문을 가질지도 모르겠습니다. 저도 그렇게 오해를 받을까 걱정되기도 합니다. 저에게 주어진 본연의 업무에 충실하고 싶은 마음이 더 큽니다만, 저의 일이 입시에 더 충실한 교육이 되도록 하는 것은 아니라고 생각합니다. 물론 주어진 입시현실을 피할 방도가 없다면 그것을 준비하는 교육 과정에서 최대한 평등하고 공정한 혜택을 받도록 하고, 가능하면 단순한 입시교육보다는 보다 다양한 교육 활동을 촉진하는 교육이 되도록 하는 것이 맞습니다. 그러나 결국 입시로 인해 황폐해지는 초중등교육을 보면서 입시 자체를 극복하는 것이 맞겠다는 확신을 갖게 되었습니다.

고교평준화, 학제개편 등도 입시경쟁으로부터 자유로울 때 비로소 완성

저는 '제2의 고교평준화'라는 이름으로 고교의 균형발전 정책 실현을 위해 노력해 왔습니다. 자사고와 외고 등 특목고가 본래의 자리로 돌아갈 수 있도록 하거나, 그것이 어렵다면 일반고 중심의 평등한 교육이 이뤄질 수 있도록 고교 유형을 정비해달라고 정부와 국회에 요청해 왔습니다.

고교평준화는 대입이라는 큰 틀을 벗어날 수 없더라도 최소한 그 안에서의 공정한 경쟁을 할 수 있는 토대를 만들고자 하는 노력입니다. 흙수저와 은수저가 구분되어 교육을 받고, 서로 다른 격차가 있는 고교에서 입시 준비를 한다면 결코 이것은 정의롭지 않습니다. 최소한 출발선상의 평등, 기회의 평등은 보장되어야 하기 때문입니다.

그러나, 고교평준화 체제가 완성되었다고 하더라도, 그것으로 모든 것이 다 해결되는 것은 아닙니다. 그 평준화 체제에서 우리 아이들에게 주어져야 할 교육은 자신의 인생을 찾아갈 수 있는 능력, 우리 사회 공동체를 보듬을 수 있는 능력, 성숙한 민주시민으로 살아갈 능력을 키우는 것이어야 합니다. 현재의 입시체제로는 그것이 매우 어렵거나 심지어 불가능합니다.

필요하다면 지금과 같은 '폭력적 입시'가 아닌 '순수한 입시'를

대학에 진학하는 것으로서의 입시가 아예 절대로 불필요한 것은 아닐 것입니다. 자신의 적성과 소질에 맞는 고등교육을 받고자 하는 학생이 원하는 대학이나 학과에 진학을 하기 위해서는 그에 필요한 최소한의 능력과 자세를 검증해야 합니다. 때문에 그러한 과정으로서의 '순수한 입시'는 존재할 수 있습니다.

그러나 지금의 입시 과정은 단순한 상급 학교 진학을 위한 절차적 의미보다는 대학 서열 속에 더 높은 곳을 점하기 위한 이해관계적인 경합 과정이고, 상호간의 사회적 성공과 실패가 정해지는 정치적 의미가 더 크다고 하겠습니다. 그런 점에서 '폭력적 입시', '가학적 입시'라고 부를 수 있습니다. 이 입시로 '고등학교는 입시학원화'되고, 대학은 취업만이 유일한 목표가 되어 '대학의 취업학원화'로 전락한 게 현실입니다. 고등학교와 대학을 학교답게 만드는 것, 그래서 학생들이 비정상적인 경쟁을 벗어나 교육다운 교육을 받게 만들려면 사회와 대학이 함께 바뀌지 않으면 안 됩니다.

희생을 동반한 PISA 1등 교육체제에서 행복한 교육체제로의 이행

두 가지 양극단의 이념형적 교육체제가 있습니다. 서열화된 사회 구조에서 각자 개인의 적자생존식 시장주의 경쟁교육 체제가 한 끝에 있다면, 다른 끝에는 수평화된 사회에서 공동체적 협동교육을 하는 체제가 있습니다. 매우 단순화시키면 입시경쟁교육체제가 있고, 그렇지 않은 탈입시교육체제가 있다고 하겠습니다.

현재 지구상에는 구체적으로 국제학업성취도평가^{PISA}에서 언제나 상위권에 랭크되는 두 나라, 한국과 핀란드가 그 이념형적 극단의 교육모델에 가까울 것입니다. PISA에서 좋은 성적을 받는다는 것은 그 자체로는 좋은 일입니다. 그런데 핀란드와 달리 한국은 학생 행복 만족도 최하위, 심지어 최고의 학생자살률, 대입 때까지만 버티자는 인고의 시간, 평생학습의 흥미를 떨어뜨리는 반교육적인 효과 등을 반대급부로 해서 PISA의 좋은 성적이 유지되고 있습니다. 심하게 표현한다면 이는 학생들에 대한 '학습착취'와 '불행'을 연료 삼아 성취한 결과입니다. 이러한 어두운 교육 자화상을 새로이 그려야 할 때입니다.

물론 그런 표면적 성과와 이면의 희생이라고 하는 이중성을 갖는 한국 사회는 수직서열화된 사회, 그 서열화된 상층지위에 주어지는 극단적인 차등적 보상(경제적 양극화), 그 서열의 상층에 가기 위한 치열한 경쟁이라고 하는 원리 위에서 움직이고 있습니다. 그렇기 때문에 초중등 교육의 개혁은 대학개혁 그리고 사회개혁과 함께 가야 합니다. 수직서열화된 대학체제와 수직서열화된 사회불평등 체제를 변화시키지 않으면 교육도 변화할 수 없습니다.

이제 그 수직서열화의 사회를 수평적 다양성의 사회로, 그 치열한 경쟁을 인간적 교육이 가능한 방식으로 완화하는 것, 극단적인 차등적 보상체계의 복지국가적 재정비 등이 필요합니다.

기업과 같은 대학을 공공 학문의 장으로 바꿔 입시문제 해결

안타깝지만 우리나라는 공공적 교육체제의 역사가 깊지 않습니다. 민간의 사회사업 차원에서의 대학이 사립대라는 이름으로 기업 형태로 운영되고 있습니다. 때문에 다수한 조건에서 대다수의 우리 학생들은 사립대 체제 속에서 고등교육을 자기 비용으로 감당해야 하는 상황입니다. 소수의 국공립대와 다수의 사립대로 구성된 대학 체제에서 국립대로서는 서울대가 대학서열의 정점에 있으며, 그 아래를 다수의 유력 사립대들이 채우고 있습니다.

대학 간 서열경쟁, 순위 경쟁은 치열합니다. 대학의 학문적 우수성을 추구하기보다는 성적 우수학생을 선발하여 등록금 영리 활동을 통해 대학의 부를 늘리고, 개인의 세속적인 성공을 지원하여 결과적으로 대학의 명성을 높이는 것이 목표입니다. 사람들은 대기업에 취업하기 위해 이른바 'SKY'를 가려고 합니다. 판검사, 변호사, 의사가 되기 위해서 SKY를 가려고 합니다. 우리 아이들은 영아, 유아 단계부터 우리 교육체제에 들어오는 순간부터 20년 가까이 오직 더 좋은 대학을 가기 위한 치열한 노력과 경쟁으로 살아가고 있다고 말할 수 있습니다. 이것이 엄연한 현실입니다.

이것은 단순히 교육의 문제가 아니라 사회체제의 문제입니다. 그러한 사회이기 때문에 그러한 교육체제가 작동하고 있는 것입니다. 사회와 맞물린 대학체제의 작동 메커니즘이 그러하니, 너무나 당연하게도 초중등과정은 더 높은 대학에 가기 위한 입시교육과정에 다름 아닌 것이 되어버렸습니다.

〈학벌사회해소-대학서열해소-입시해소〉의 3대 과제의 동시적 추진

우리의 목표는 〈학벌사회해소–대학서열해소–입시해소〉의 3대 해소 과제를 동시적으로 추진하는 것입니다. 이는 달성해야 할 결과적 목표이기도 하지만 그 목표 달성을 위한 방법론이기도 합니다. 학벌 등 온갖 부조리함이 결합된 직업과 임금의 서열구조가 깨어지지 않으면 그 서열구조에 조응하는 대학서열체제도 지속될 것이며, 그 조건에서 입시는 해소될 가망이 없습니다. 대학체제개편안에는 사회와 초중등교육을 매개하는 중간지대 영역인 대학이 사회체제의 평등성을 견인하고, 동시에 입시를 해소하면서 초중등교육을 정상화시키는 중요 장치 또는 계제가 되기를 바라는 마음이 담겨 있습니다.

어느 날 갑자기 입시를 강제로 없앨 수는 없습니다. 대학도 마치 과거 독재정권에서 하듯이 강제 통폐합을 할 수는 없습니다. 사립대를 다 없애거나 국공립으로 강제로 전환하고 모든 국공립대를 하나로 만드는 것은 현실적으로 가능한 일이 아닙니다. 하지만 새로운 정부가 들어서면서 강력한 정책적 계획을 수립하고, 국민적 동의와 열망을 담아 다양한 사회적 논의와 타협, 설득, 그리고 정치권의 법적인 노력을 통해 정상적이고 타당한 방식으로 어느 정도 가능할 수는 있습니다. 대학서열체제를 해소하기 위한 본격적인 논의와 실천은 그 자체로 살아있는 과정이기에 현실에서 어느 정도까지 진전될 수 있을지, 어떤 형태로 구현될지는 만들어나가는 과정에 따라

태어난 집은 달라도 배우는 교육은 같아야 한다

달라질 것입니다.

이러한 문제의식 속에서 우리는 교육과 사회를 동시에 바꿔야 합니다. 저는 이 잔혹한 입시경쟁교육을 멈추고자 합니다. 한 예를 들어, 제가 지난 가을 탐방한 핀란드만 해도 (100% 그렇지는 않겠지만) 초등학교, 중고등학교에서의 삶은 모두가 행복한 자기 삶 찾기 교육이었습니다. 성적으로 경쟁하지도, 대학에 가려고 미친 듯이 입시교육을 하지도 않습니다. 왜냐하면 대학이 인생을 결정짓는 사회가 아니기 때문입니다. 그 누구든 자신이 하고 싶은 일을 성실히 하면 사회가 인정하고 적정한 보상을 하는 사회이기 때문에 가능한 것입니다.

우리의 교육을 당장 핀란드식으로 바꿀 수는 없습니다. 사회가 다르기 때문입니다. 우리 사회가 보다 평등하고 공정한 사회가 되어야 비로소 가능한 일입니다. 그래서 교육감인 제가 초중등교육을 넘어선 우리 사회의 보다 근본적인 교육체제와 더 나아가 사회체제의 평등주의적 개혁을 위한 주장을 하는 것입니다.

국립대통합 또는 네트워크 안은 나름대로 오랜 논의의 역사를 갖고 있습니다. 그런데 현행교육에 대한 대단히 강한 불만과 비판의식이 존재하는 상황에서 촛불시민혁명 이후 새로운 사회와 새로운 교육에 대한 열망이 너무 강해졌기 때문에 이 안은 다양한 경로로 국가교육개혁의제의 지평 위에 부상하고 있습니다. 이처럼 중요한 국민적 의제로 부상하는 상황에서 국립대 통폐합의 구체적인 그림과 방안을 제시함으로써 보다 현실적인 토론을 하고자 합니다.

입시교육으로부터의 해방이 초중등교육이 정상화되기 위한 전제 조건이라고 본다면 이제는 그것을 먼 미래의 일이 아니라 지금의 현실에서 해결해야 합니다. 국민적 힘으로 답을 찾아야 합니다.

촛불시민혁명 이후 우리 앞에 새로운 한국 사회 건설을 도모하는 역사적 과정이 놓여 있습니다. 헌법 개정을 통해서라도 새로운 공화국을 건설하려는 이때, 교육 모순이 우리 사회의 중심적 위치를 차지하고 있다는 점을 상기하며 대학서열체제 개편안 발표를 계기로 아래와 같이 요구합니다.

첫째, 대선을 앞두고 각 후보와 정치권은 입시경쟁교육의 근절과 초중등교육의 정상화를 위해서 대학서열과 학벌체제 해소가 우선적이고 근본적임을 인식하고 국립대통합네트워크 방안을 포함하여 다양한 대안 논의에 적극적으로 나서서 중요한 대선 교육의제로 공론화해주기를 당부합니다. 아울러 차기 정부 수립 과정에서 제일의 정책 과제로 설정해주기를 바랍니다.

둘째, 촛불시민혁명을 공정하고 평등하며 정의로운 사회체제를 수립하라는 명령으로 이해할 때, 그 핵심에는 직업의 귀천이 없는 세상, 누구나 성실하게 땀 흘리면 동등하게 존중받고 경제적으로 보상받으며 살 수 있는 세상을 만들 것을 요구하는 바입니다. 입시문제의 근원은 우리 사회의 불평등한 서열적 구조에 있음을 명백히 깨닫고 직업적 서열, 임금 격차, 기업 불평등을 완화하거나 해소할 특단의 방안을 강구해줄 것을 요구합니다.

셋째, 입시경쟁교육의 피해는 누구보다 우리 학생, 학부모 당사자들의 몫입니다. 이것이 인간답지도 정상적인 교육도 아니라는 것

태어난 집은 달라도 배우는 교육은 같아야 한다

을 알면서도 어쩔 수 없이 잔혹한 경쟁에 내몰리게 된 현실이 너무나 가슴 아픕니다. 입시가 없어질 수 있겠는가, 대학서열체제가 해소될 수 있겠는가, 우리 사회가 좀 더 직업적으로 평등해질 수 있겠는가 하는 것에 대한 깊은 회의가 존재할 것입니다. 그러나 국민주권의 힘으로 대통령 권력도 교체할 정도의 잠재적인 혁명의 힘이 우리에게는 있습니다. 대학을 더 좋은 곳으로 가는 필수코스로만 생각하지 말고 정말로 가야 할 곳으로 가는 곳으로 상상해 봅시다. 대학서열, 직업불평등 문제를 이제 국민의 힘으로 제기하고 국민적 토론에 나서보기를 간곡히 호소합니다. 국립대통합네트워크 방안이 그 안내서가 될 것으로 기대합니다.

　-2017년 3월 15일

미세먼지로 인한 '교육재앙'에 대비해야

    대한민국은 지금 미세먼지를 포함한 심각한 만성적 대기오염의 시대에 들어서며 교육의 중요한 한 축인 체육과 야외교육 활동이 불가한 위기에 직면했습니다. 이에 저는 서울시교육청이 강구할 수 있는 최선의 대책을 말씀드리면서, 국가적 차원의 '교육재앙'을 낳고 있는 미세먼지와 대기오염에 대한 근본적인 범정부적 대책을 촉구하고자 합니다.

    2017년 대한민국은 정치적, 사회적, 경제적 전환의 위기이자 기회를 맞고 있습니다. 우리는 지금 새로운 사회에 대한 국민적 갈망을 구체적인 제도적 혁신으로 이어가야 하는 국가적 과제 앞에 놓여 있으며, 눈앞에 두고 있는 대선이 그러한 과정의 한 경로일 수 있을 것입니다. 그런데 공교롭게도 새로운 패러다임을 요구받고 있는 정치, 사회, 경제와 더불어 다양한 환경적 요소들 역시 새로운 전기를 마련해야 하는 시대적 위기에 처해 있습니다.

    그중에서도 인간에게 주어진 기본적이고 필수적인 환경 조건인

태어난 집은 달라도 배우는 교육은 같아야 한다

공기 문제는 치명적 상황으로 치닫고 있으며, 육체적으로 취약하고 민감한 어린 아이들과 청소년의 삶이 매우 위태로운 상황에 노출되고 있습니다. 이는 단지 교육활동의 제약 차원에서의 문제가 아니라, 인간의 기본적인 삶 자체가 위협받고 있다는 점에서 교육을 넘어선 범사회적 문제가 아닐 수 없습니다.

인간이 살아가는 데 있어 환경적 기본 요소는 물과 공기일 것입니다. 이 두 가지의 안전성이 보장되지 않는 사회는 정상적인 인간의 삶과 사회 유지가 어려울 수밖에 없습니다. 게다가 지덕체라고 하는 고전적인 교육지표에 비춰볼 때 건강한 신체를 육성하는 체육활동과 점점 더 시대적으로 중요해지는 다양한 융복합적, 체험적 교육활동이 대기오염이라는 조건 때문에 심각하게 제약받을 수밖에 없는 상황은 실로 교육재앙이라고 하지 않을 수 없습니다.

특히 서울은 도시로서의 열악한 환경 조건에 놓여 있습니다. 어릴 때 쉽게 보았던 무지개, 그리고 봄기운이 만연해지면 일상적으로 접하는 아지랑이 같은 것은 지금 어린 세대에게는 상상 속에서만 존재하는 낯선 자연현상이 되었습니다.

저는 우리 아이들이 맑고 푸른 하늘 아래 건강하게 땀 흘리면서 뛰어놀고, 자연과 더불어 다양한 활동을 하기를 간절히 바랍니다. 그러나 지금과 같이 일상화된 미세먼지 환경에서는 아이들을 밖으로 내보내는 것이 오히려 비교육적이고 건강을 심각하게 해치는 일이 되어버렸습니다. 학부모님들의 우려가 큰 것도 충분히 이해됩니다.

미세먼지를 비롯한 대기오염의 문제는 교육청의 노력만으로 해결할 수 있는 사안이 아닙니다. 미세먼지가 없어지도록 국가 차원의 대책을 세우는 것이 핵심입니다. 그러나, 당장 주어진 조건에서 교육청이 할 수 있는 조치를 최대한 하려고 합니다.

핵심 내용은 크게 세 가지입니다.

첫 번째는, 미세먼지를 포함한 대기오염에 대한 일반적인 인식의 개선 내지 제고입니다. 많은 국민들이 미세먼지의 위협성에 대해서 인식을 하고 걱정을 하고 있습니다. 하지만 아직은 여전히 모든 학교, 모든 교사, 모든 학생, 모든 학부모들이 충분한 문제의식을 갖고 있지 않다고 보고 있습니다. 그래서 인식 제고를 위한 교육과 홍보를 강화하려고 합니다.

두 번째는, 미세먼지와 대기오염 시 교육활동 제약에 대한 공통의 기준 강화입니다. 학교마다, 선생님마다 자의적, 임시방편적으로 해오던 낮은 수준의 실외활동 규제를 교육청 차원에서 보다 높은 수준으로 지침을 정하고 모든 학교에서 이를 준수할 수 있도록 장학과 모니터링 활동을 강화할 예정입니다.

세 번째는 응급 지원과 실내공기 정화 노력입니다. 대기오염에 취약한 유·초등 학생들을 대상으로 일정 기준 이상일 경우 미세먼지마스크를 지급해서 긴급 보호하겠습니다. 그리고 학교 실내 공기질 관리 차원에서 측정을 강화하고, 공기정화시설의 적절성을 검토해서 확대해 나가려고 합니다.

그간에 교육청 차원에서의 고민이 컸습니다. 하지만 다행스럽게도 대선 국면에서 여러 후보들께서 이 문제를 국가적 의제로 제기해주셨습니다. 이를 좀 더 교육적 차원에서도 깊이 논의해주시기를 당부드립니다. 그리고 차기 정부에서 미세먼지 문제를 국가적 우선 과

태어난 집은 달라도 배우는 교육은 같아야 한다

제로 설정하고, 필요하다면 중국과의 외교적 협의를 통해서 반드시 해결해주기를 바랍니다. 관련된 법제정 및 개정을 통해서 미세먼지 발생 시 교육과정과 학사운영을 좀 더 유연하게 할 수 있도록 해주시기 바랍니다.

심지어 우리 국민들께서는 미세먼지 때문에 이민을 가야 하는 거 아니냐는 정도의 동요가 있는 상황입니다. 이런 조건에서 우리 아이들을 정상적으로 교육시키는 것이 얼마나 어려운지 정치지도자들께서는 진지하게 이해해 주시기를 바랍니다. 아울러 서울시민과 국민들께서도 미세먼지를 계기로 우리 아이들의 교육적 삶에 있어서 환경과 자연, 생태 등이 얼마나 중요한지를 함께 고민해주시면 좋겠습니다.

서울시교육청은 생활교육 차원에서 미세먼지 문제뿐 아니라 학부모님들과 서울시민들의 기대에 부응하기 위한 건강한 급식, 환경교육, 생명존중 교육을 더더욱 강화해 나가도록 하겠습니다.

-2017년 4월 10일

전교조 합법화와 사회적 선진화의 흐름

서울시교육청의 전교조 교사의 전임 허용에 대해 비판기사들이 났습니다. 비판은 달게 받을 수밖에 없지만, '촛불로 여론지형이 바뀌었다'라는 말의 의미를 설명드리고 저의 입장을 밝히고자 합니다.

저는 노동조합 활동 과정에서 발생한 극소수의 해고자를 조합원으로 인정한다는 이유로 노동조합의 법적 지위가 박탈되는 것은 우리 사회 노사관계의 선진화라는 측면에서 다시 한 번 근본적으로 재검토해야 한다고 주장합니다. 서울교육을 책임지고 있는 사람으로서 우리 사회와 정치지도자들에게 호소합니다.

먼저 박근혜 정부의 탄핵을 이끌어낸 촛불시민혁명의 정신을 수용하는 차원에서도 재검토가 필요하다고 생각합니다. 저는 촛불시민혁명에 내재된 박근혜 정부의 국정농단과 적폐에는 전교조 법외노조화 문제도 핵심 이슈의 하나로 들어있다고 생각합니다.

주지하다시피, 촛불시민혁명과 헌법재판소의 탄핵인용이라는 결과에 이른 것은 국민들이 박근혜 정부의 잘못된 국정수행과 권위

태어난 집은 달라도 배우는 교육은 같아야 한다

주의적인 배제적 정책에 대해 강한 분노와 비판을 표출했기 때문입니다. 그리고 국민들은 항변에 귀 기울이지 않은 불통의 정치에 대해서도 분노해왔습니다.

촛불시민혁명의 현장인 광화문에 나온 많은 개인들이나 집단 속에는 300여 명에 달하는 학생들의 목숨이 경각에 처해 있던 순간에 성실한 국정수행 의무를 방기한 대통령에 대해 분노하는 세월호 희생자 가족들이 있었습니다. 블랙리스트로 상징되는 바와 같이 부당한 배제적 문화예술정책에 분노하는 문화예술인들, 그리고 학사농단, 교육농단을 일삼으면서 '정유라'로 상징되는 부당한 교육특혜에 분노하는 학부모 등 다종다양한 집단들이 있었습니다. 그리고 바로 거기에는 9명의 해고 조합원을 축출하지 않았다고 '법외노조'를 강요당한 전교조와 5만여 교사 조합원들의 분노가 함께 있었습니다. 이러한 분노와 잘못된 정책을 바로잡자는 국민들의 노력이 국민적 탄핵의 거대한 물결을 만들어낸 것입니다.

탄핵이 가결된 지금 그 부당한 국정농단과 적폐로 인해 희생을 강요당한 개인과 집단을 우리 사회가 보듬고 적폐를 씻어내려는 노력을 진행해야 합니다. 다음 정부를 맡겠다고 나서는 정치지도자들께서도 바로 이러한 문제를 해결할 수 있는 전향적인 정책을 제시해주셔야 할 것입니다.

전교조 합법화는 '갈등의 제도화'의 상징적 사안

그리고 '갈등의 제도권 내 수렴'이라고 언급한 것이 제가 진짜로 하고 싶었던 말입니다. 그러한 차원에서 법외노조 문제를 전향적으

진정한 선진국은 갈등을 억압하고 갈등 사안을 비제도권으로 배제하는 것이 아니라,
다양한 법제도적 수단을 통해서 갈등을 제도권 내로 수렴해서 생산적인 협력관계로
만들어 나가는 사회입니다. 저는 전교조 합법화야말로 이러한 사회 변화를
이루어내는 가장 상징적 사안이라고 생각합니다.

태어난 집은 달라도 배우는 교육은 같아야 한다

로 접근해야 한다고 생각합니다.

우리가 사회적 차원에서 '선진화'를 말한다면, 그 핵심에는 다양한 갈등 사안들을 제도권 내로 수렴하고 다양한 '적대적 갈등관계'를 '갈등적 협력관계'로 만들어내는 것이라고 할 수 있습니다. 진정한 선진국은 갈등을 억압하고 갈등 사안을 비제도권으로 배제하는 것이 아니라, 다양한 법제도적 수단을 통해서 갈등을 제도권 내로 수렴해서 생산적인 협력관계로 만들어 나가는 사회입니다.

저는 전교조 합법화야말로 이러한 사회 변화를 이루어내는 가장 상징적 사안이라고 생각합니다. 돌이켜 보면 1989년 1천 5백여 명의 교사들이 해직되는 아픔을 겪은 이후에 1999년에 이르러 비로소 전교조가 합법화되었습니다. 1989년에서 1999년에 이르는 10여 년 동안 우리의 교육현장은 참으로 큰 아픔과 갈등을 겪어왔습니다. 그런 갈등을 겪고 전교조가 합법화된 이후 그래도 우리의 학교현장은 상대적으로 안정되어 왔다고 생각합니다. 일부 언론에서는 전교조가 합법화되어 교육현장이 혼란스러운 것처럼 보도하기도 하지만 '갈등의 제도권화'라는 큰 흐름에서 보면 제도권 밖의 격렬한 갈등이 제도권 내의 '안정적 갈등'으로 전환되었던 것입니다.

탄핵 이후 한국 사회가 갈등을 수렴하여 사회의 안정화와 합리적인 사회를 만들어 나가려 한다면 바로 이러한 방향에서의 노력이 필요합니다. 만일 새 정부에서도 5만여 명에 이르는 교사들의 단결권을 억압하고 전교조를 법외노조의 처지에 머무르게 한다면 학교현장은 안정화될 수 없다고 생각합니다. 심지어 정치 자체도 안정화될 수 없습니다. 몇 명의 해직자를 조합원으로 포함하고 있다고 하여 전교조를 법외노조 상태로 머물게 하는 것은 교육현장을 다시 혼란으로 몰아넣는 것이며, 우리 사회의 도도한 선진화의 흐름을 역전시키는 것이라고 생각합니다.

-2017년 3월 31일

태어난 집은 달라도 배우는 교육은 같아야 한다

교원성과급제 재검토를 제언하며

　　국민들의 큰 기대를 안고 새 정부가 출범한 지 이제 한 달이 되어갑니다. 새 정부는 촛불시민혁명 이후의 높아진 기대와 요구들을 받아 안으면서 우리 사회의 큰 전환을 성취해야 하는 시대적 과제를 안고 있습니다. 그러한 전환의 의제 중에서 '작지만 큰 의제'로서 저는 교육 영역을 중심으로 '동기부여시스템'의 전환을 이야기하고 싶습니다.

　　그동안 우리 사회의 동기부여시스템, 특히 공무원들의 그것은 국가주도적 그리고 경쟁촉진적인 시스템으로 작동해왔습니다. 모든 조직이 열심히 일한 사람에게 더 많은 보상을 하고 그렇지 않은 사람에게 적은 보상을 하는 '차등적 보상' 시스템을 갖는 것도 사실입니다. 그러나 교육 영역을 놓고 보면 이것이 과도하고 고착화되어 선생님을 몇 푼 더 받고자 열심히 일해야 하는 존재로 도구화해버리는 결과를 낳았습니다.

　　교육부에 의해서 추진되는 '교원성과급제'는 교원업적 평가 중다면평가 결과를 활용하여 교사를 S, A, B 세 등급으로 나누어 성과상여금을 차등지급하는 제도입니다. 이 교원성과상여금이 도입된 지 십수 년째를 맞이합니다. 애초의 취지는 교사들의 동기를 유발하고 노력하는 교원을 보상해 사기를 진작하겠다는 것이었습니다. 하지만 지금은 이 제도에 대한 광범위한 냉담함과 더불어 학교 현장에서는 이 제도로 인해 야기된 비교육적 사태가 횡행하고 있는 실정입니다.

교원평가를 바탕으로 한 교원성과급제를 도입할 때 처음부터 강력하게 반대했던 교원단체도 있었지만 실제 수행 과정을 면밀하게 해보자는 입장의 다소 중립적인 입장의 단체도 있었습니다. 하지만 지금은 모두 교원성과급제를 재검토하거나 반대하고 있습니다.

왜 그렇게 되었을까요? 간단히 말해서 학교와 교육의 특성을 고려하지 않고 일반 사기업에서 적용하던 방식을 그대로 교사에게 적용하였기 때문입니다. 교육에서 성과란 무엇이고 교사의 역할은 무엇인가에 대한 교육철학적 기반이 잘못되었기 때문입니다.

교육에서 성과란 수업시수, 연수시간, 수상지도 실적, 보직 여부와 같은 정량적 요소로만 이루어지지 않습니다. 오히려 눈에 드러나지 않는 학생상담, 수업개선, 생활지도 그리고 열정과 헌신이라는 정성적 요소가 더 중요할 수 있습니다. 학교는 또한 학생들의 발달 단계에 맞는 과정을 내면화하는 인성, 지성, 감성 교육을 하여야 하기에 교사 몇 명의 특출한 능력이나 공로보다 학교 전체의 상호 이해와 협력이 더 요구됩니다.

현대 사회에서 성과는 조직과 개인 간의 유기적 협력이 더욱 중

태어난 집은 달라도 배우는 교육은 같아야 한다

요해지고 있습니다. 특히 교육은 교사와 교사 상호 간, 교사와 학교의 유기적 협력이 중요합니다. 교사들이 아이들의 교육에 열정적으로 임하는 것은 S, A, B로 구분되는 차등적 성과급의 '채찍'으로 해결되지 않습니다. 자발적이고 내재적인 열정을 불러일으키지 않는 한 진정한 의미에서의 '성과'는 불가능합니다.

교육에서 성과라고 할 때는 진정한 열정을 가지고 교실에서 아이들을 가르치는 것이며, 생활지도라 함은 마치 내 자식을 사랑하듯이 학생을 돌보는 것입니다. 그런데 이를 얄팍한 싸구려 성과급으로, 즉 돈을 차등적으로 지급하여 이루려는 접근은 잘못된 것입니다. 교사로서의 진정한 이타적 열정은 성과급 따위로 촉진될 수 없습니다. 이런 진단은 비단 교원뿐만 아니라 공무원, 나아가 공공 분야 전반에도 해당되는 분야가 많을 것입니다. 국가주도로, 그것도 극단적인 경쟁 방식으로 외재적으로 업무 성과를 내도록 독려하고자 하는 현행 방식에 대한 전환이 필요합니다.

'억지춘향'이라는 우리말이 있습니다. 일을 순리로 풀어가는 것이 아니라 억지로 우겨 겨우 이루어진 것을 이르는 말입니다. 해마다 일어나는 교육 현장의 '교원성과급' 논란이 이 경우에 딱 어울리는 말입니다. 새 정부 이후 나타날 다양한 전환에 바로 이러한 왜곡된 동기부여 시스템에 대한 전환도 포함되기를 소망해 봅니다.

전교조 법외노조 문제 해결을 촉구하며

코끝을 스치는 바람의 서늘함이 온몸을 움츠리게 하는 차가운 날이 이어지고 있습니다. 지난해 11월 1일 법외노조철회, 성과급-교원평가 폐지를 요구하며 시작된 전국교직원노동조합의 농성은 연말까지도 계속되고 있습니다. 더구나 포항지진으로 연기했던 지난 11월 24일 연가투쟁이 12월 15일 진행되는 것으로 예고되어 있습니다. 그래서 더욱 몸과 마음에 한기가 느껴지는 듯합니다.

학교에서 학생들과 함께 살아가는 것을 천직으로 알고 있는 선생님들이 연가를 내고 학교를 나서는 것은 그 주장의 절박함을 충분히 이해하면서도 유감스러울 수밖에 없습니다. 선생님들께 마지막까지 학생들과 함께해 주시기를 거듭 부탁드립니다.

하지만 이러한 극한 대립 상황이 발생하게 된 것은 새정부 출범과 함께 기대했던 박근혜 정부의 교육계 적폐인 '전교조 법상 노조

태어난 집은 달라도 배우는 교육은 같아야 한다

아님 처분' 문제가 조기에 해결되지 못했기 때문입니다. 이 문제에 대해 정부가 적극적으로 나서 해결책을 모색해주기를 바랍니다. 국정원, 언론계 적폐청산을 보면서 우리 국민들은 새로운 나라에 대한 희망을 키워가고 있습니다. 교육계 적폐청산 역시 시간을 다투어 추진되어야 할 것임을 거듭 강조하고자 합니다.

교육이 국민에게 희망이 되어야 합니다. 갈등과 대립을 새로운 도약을 위한 에너지로 승화시키는 희망의 새 길을 만드는 일에 모든 교육가족이 힘을 모아야 할 것입니다. 정부와 전교조, 서울시교육청 모두 희망의 새 길을 함께 걷는 동반자입니다. 문제를 함께 풀어가고 새 길을 함께 열어가기를 간절히 기대합니다. 교육이 우리의 희망입니다.

교사가 행복해야 아이들도 행복하다

　　교사들 사이에 '소진'burnout이라는 말이 강력한 울림을 주면서 교직사회에 존재하고 있습니다. '교사의 소진'이란 교사들이 정서적으로 고갈되고 심지어 '비인간화'를 경험하기도 하고 성취감 결여 등을 경험하고 있는 현상을 개념화한 것입니다. 우리 사회에서는 교사가 최고의 직업으로 여겨지고, 많은 학부모들이 자신의 자녀가 교사가 되는 것을 소망합니다. 그런데 교육계 내부로 들어와 보면 많은 교사들이 명퇴(명예퇴직)를 최고의 소망으로 간주합니다.

　　"학생들과의 관계가 너무 힘들다. 학생들의 교권 침해도 심하고, 교권 침해를 당해도 그것에 대해 우리 사회가 너무 관용적이다. 때로는 학생들에 대한 훈육과 지도를 포기하게 되기까지 한다. 학부모들은 너무 자식 위주의 사고를 해서 교사들에 대한 교권을 침해하는 행동을 하는 것을 서슴지 않기도 한다. 학부모의 사소한 항의성 민원제기, 때로는 교육활동 및 생활지도에서의 과도한 개입이 교사를 피폐하게 한다. 학교폭력이 한 건 벌어지면 한 학기 내내 그것을 해결하기 위해 시달려야 한다. 행정업무와 교사들이 수행해야 하는 일이 너무 많다. 과다한 행정업무로 인해 때로는 내가 아이를 가르치려고 왔나, 행정 일 하러 왔나 하는 자괴감을 갖기도 한다."

사실 교사 소진을 낳는 요인들에 대한 책임은 교육감들과 교육부 장관 등 행정당국에 상당 부분 있다고 생각합니다. 그래서 종합적으로 대책 마련을 해야 한다고 생각합니다. 현재 진행되고 있는 여러 가지 교육혁신정책, 예컨대 학교업무 정상화도 어떤 의미에서는 교사 소진과 관련된 행정업무를 축소하기 위한 노력입니다. 또한 혁신학교 같은 것은 위로부터의 교사 소진 구조에 대한 아래로부터의 자발적인 혁신노력이기도 합니다.

저는 교사의 소진을 촉발하는 교권침해를 완화하기 위해서, 산업화시대와 민주화시대의 우리의 미덕을 우리 모두가 성찰해보는 것이 필요하다고 생각합니다. 산업화시대의 미덕은 돈을 많이 벌고 "부자되세요" 하는 것이었습니다. 영리추구와 돈을 향한 열정이 모든 것을 좌우했습니다. 산업화에 뒤이은 민주화시대의 미덕은 과거 산업화, 독재시대에 억압되었던 우리들의 권리와 이해관계를 위해 더 많은 항의를 하고 행동하고 비판하고 대결하는 것을 지향합니다. 이 산업화시대의 미덕과 민주화시대의 미덕이 '충만한' 사회가 바로 현재의 한국 사회입니다.

그러나 지금은 산업화-민주화 '이후' 시대의 미덕이 필요한 시점입니다. 학교라는 공간에서 교사의 소진은 바로 이러한 현 단계 우리 사회의 사회적 조건에 말미암는 바가 크다고 생각합니다. 학교폭력을 예로 들면, 가해자 학생의 부모가 가해자 학생을 나무라고 질책하는 경우가 거의 없습니다. 피해자 학생의 학부모는 당연히 그 피해에 대해 항변할 권리가 있고 그렇게 해야 합니다. 하지만 '아프면서 크고 싸우면서 큰다'라는 이전 학부모의 마음으로 조금 관대한 마음을 갖는 학부모가 갈수록 적어집니다(학교폭력의 피해를 과소평가해서는 물론 안 되지만). 그러다 보니 학교폭력은 왕왕 가해자 학부모와 피해자 학부모 간의 갈등과 소송전으로 이어지게 됩니다. 모두가 다 산업화-민주화 '이후' 시대에 합리적으로 행위하고 있지만 학교라는 공간은 '합리성의 비합리성'으로 피폐해지고 있고, 교사의 소진은 그 틈바구니에서 한없이 확대되고 있습니다.

이런 학교 내의 상황은 어떤 의미에서는 우리 사회 전체를 대상으로 적용해도 크게 무리는 아닙니다. 이제 우리 모두가 나의 이해나 권리-당연히 주장해야 하지만-만이 아니라, '우리' 아이 전체를 생각하는 미덕이 필요합니다. 내가 돈을 많이 벌고 내가 잘되는 것만을 생각하는 것이 아니라 공동체 전체를 생각하는 미덕이 필요합니다. 그리고 타인을 배려하고 내가 조금 손해 보는 자세로 임하는 미덕이 필요합니다. "교사가 행복해야 아이들도 행복하다"라는 명제를 거론하지 않더라도, 교사가 스스로 소진된다고 느끼는 현실에 대한 더욱 근본적인 고민을 우리 모두가 해야 할 것입니다.

사회통합전형 확대와 교육불평등 해소

작금의 한국 사회는 부모 세대의 소득격차가 자녀 세대의 교육 격차로 이어지고, 부모의 사회경제적 배경이 그대로 대물림되어 사회적 계층이 고착화되어 가고 있습니다. 시간이 지날수록 경제적 격차에 따른 교육기회의 불평등이 심화되고 있습니다. 잘 사는 집안의 아이는 없는 재능도 만들어내고, 못 사는 집안의 아이는 가지고 있는 재능도 개발하지 못합니다. 점점 우리 사회는 희망이 없고, 절망하는 '병목사회'로 변해가고 있습니다.

이런 구조적인 '병목'을 해소하기 위해서는 교육이 사회의 희망이 되고, 교육이 사회불평등 해소의 디딤돌 역할을 하여야 합니다. 그러나 우리 현재 교육은 그러지 못하고 오히려 사회불평등에 일조하고 있습니다.

저는 평소에 "태어난 집은 달라도 배우는 교육은 같아야 한다"는 생각을 하여 왔습니다. 재능이 있으면서도 경제적인 이유로 자신의 재능을 충분히 발휘할 수 없으면 안 된다고 생각합니다. 능력이

있다면 경제적으로 어려운 저소득층의 학생들도 사회적 리더가 될
수 있어야 하고, 더 나아가 국제 글로벌 리더도 될 수 있어야 합니다.
학업성적이 뛰어난 저소득층 학생들이 경제적 걱정 없이 학업에만
전념하여 자신의 능력을 충분히 발휘할 수 있는 열린 교육환경이 조
성되어야 합니다.

지난 2008년, 영국의 귀족학교 이튼스쿨Eton School은 개교 550년
이래 최대의 혁명적 조치를 취하였습니다. 내용은 저소득층 학생에
게 최대 40%까지 대폭적으로 문호를 개방하고, 저소득층 학생들에
게 약 5천만 파운드의 장학금을 조성하여 지원하는 것이었습니다.

저는 이런 사례가 우리 사회에도 필요하다고 판단했습니다. 그
래서 그 첫 걸음을 공립 특목고인 서울국제고등학교에서 사회통합
전형 확대를 통해 구현하고자 했습니다. 그것이 공교육의 책무라고
판단한 것입니다. 사회통합전형 확대는 우리 사회의 교육불평등 해
소의 시작입니다.

태어난 집은 달라도 배우는 교육은 같아야 한다

재능이 있으면서도 경제적인 이유로 자신의 재능을 충분히 발휘할 수 없으면
안 된다고 생각합니다. 능력이 있다면 경제적으로 어려운 저소득층의 학생들도
사회적 리더가 될 수 있어야 하고, 더 나아가 국제 글로벌 리더도 될 수 있어야 합니다.

'덕후' 특별 선발제도를 도입하자

학교 현장을 방문하다 보면 어떤 특정 분야에 외골수로 빠져들어 그 분야에서 매우 탁월한 재능을 발휘하는 아이들을 더러 보게 됩니다. 예를 하나 들면, 도마뱀·이구아나 등 열대 지방에 서식하는 파충류에 빠진 학생이 있습니다. 이 친구는 도마뱀의 종류별 생태와 습성, 좋아하는 먹이 등을 낱낱이 알고 있습니다. 모두 인터넷 등을 찾아가며 스스로 학습한 것입니다. 부모님들은 이 학생에게 "도마뱀에 대한 관심은 이제 그만 좀 끊고 공부 좀 하라"고 성화였습니다.

이 학생은 어떻게 되었을까요? 반전 해피엔딩입니다. 비록 대학 진학은 포기했지만, 이 학생은 지금 수입 열대동물 인터넷 쇼핑몰을 운영하고 있습니다. 도마뱀 때문에 학생을 꾸중하던 아버지보다 돈을 더 많이 벌고 있다고 합니다. 열대 파충류 '덕후'의 성공기입니다.

우리 학생들 가운데는 '동물 덕후'만 있는 게 아닙니다. 심지어 '역사 덕후'도 있습니다. 최근 서울시교육청이 연 역사토론회에서 만난 학생은 역사적 사실과 연대, 배경에 대해 줄줄 꿰고 있었습니다. 어떤 질문을 던져도 마치 외우고 있기라도 한 듯 대답이 줄줄줄 거침없이 나왔습니다. 마치 랩을 듣고 있는 듯한 착각에 빠질 정도였습니다. '덕후'는 가히 자연과학과 인문, 사회과학을 가리지 않고 존재합니다.

돌이켜보면 우리 세대의 학창 시절에도 이런 덕후는 존재했습니다. 다른 일에는 좀 서툴지만 한 가지만은 확실하게 해내는 친구들은 늘 있어왔습니다. 사람들마다 관심과 흥미가 다르기에 어떤 분야의 덕후가 되는 것은 자연스러운 일입니다.

오늘날 복잡한 현대사회를 살아가려면 종합적 지식과 균형 잡힌 시각이 필요한 것도 사실입니다. 그래서 공부할 때 '편식'하지 말고 기본 소양으로 폭넓은 지식과 시각을 요구하기도 합니다. 그러나 이렇게 제너럴리스트만을 양산하는 게 최선의 교육은 아닙니다. 사람마다 개성과 재능이 다 다르기 때문입니다.

오늘날 한국의 교육시스템은 열대동물에 관심이 있으면 이구동성으로 "동물학과에 가라"고 합니다. 마치 대학의 동물학과에 가면 모든 게 다 해결된다는 듯이 말입니다. 그러나 어떤 '학'을 전공하는 것보다 더 중요한 것은 아이의 관심과 재능을 계발하고 발전시키는 일입니다. 동물학과에 가기로 작정을 한다 하더라도 걸림돌은 '점수'입니다. 정작 대학에 들어갈 때는 '점수'에 맞춰서 대학과 학과를 선택해야 하는 게 현실이기 때문입니다.

열대 동물에 미친 듯이 빠져서 '덕후'가 될 정도의 학생이면 공부할 시간에 '덕질'을 했기 때문에 자신이 원하는 대학의 동물학과에 진학할 가능성은 매우 낮습니다. 이건 교육의 전도順倒 현상입니다. 때문에 자신의 관심과 흥미와 재능을 살리는 방향으로 전공을 선택할 수 있는 학생은 극소수에 지나지 않게 됩니다. 관심 분야와 전공이 겉도는 학생들을 양산하는 입시제도라면 근본적으로 수술이 필요한 것 아닐까요?

그래서 저는 '덕후'가 된 우리 아이들의 재능을 살려내기 위해 입시제도에 '덕후 특별전형' 같은 것을 도입할 것을 제안합니다. 기본적인 대학교육을 받을 수 있는 능력만 인정이 된다면 '동물 덕후', '곤충 덕후', '역사 덕후', '목공 덕후' 같은 아이들을 과감하게 선발해 자기 재능을 마음껏 발휘하도록 하는 게 우리 교육을 좀 더 본분에 가까운 모습으로 바꾸는 일이 되지 않을까요?

한 가지 척도만 가지고 학생들에게 경쟁을 강요하고 선발하는 것은 인간을 중심에 둔 교육이 아닙니다. 고대 그리스 신화 속의 프로크루스테스처럼 침대의 길이에 따라 사람을 자르거나 잡아 늘리는 교육은 이제 그만둬야 하지 않을까요? 다양한 기준과 척도로 학생을 평가하고 저마다의 재능과 개성을 최대한 발휘하도록 하는 교육제도를 갖추는 것, 그것이 우리 사회가 선진국의 궤도에 진입했음을 평가할 수 있는 가장 중요한 척도라고 생각합니다.

메이커 괴짜 되기 프로젝트

우리는 이제 더 이상 대량생산이 미덕인 산업화시대에 살고 있지 않습니다. 그러므로 우리에게는 비슷한 모습의 아이들을 양산하는 교육이 아니라 창의적으로 문제를 해결할 수 있고, 도전할 준비가 되어 있으며, 세상을 만들고 변화시키는 학생들을 길러내는 교육이 필요합니다.

저는 혁신교육감이지만 동시에 미래교육감으로서의 소명의식을 지니고 있습니다. 교육에 대한 시대적 소명을 인식하고 서울교육을 책임지고 있는 수장으로서, 미래교육감이 되고자 애쓰고 있습니다. 그 과정에서 저의 고민 중 하나는 기존의 지식과 테크놀로지를 그대로 따라 배우는 것이 아닌, 새로운 것을 창조하는 과정 중심의 교육을 어떻게 구현할 것인가 하는 것입니다.

서울시교육청이 야심차게 준비하여 힘차게 추진하고자 하는 '상상하고 만들고 공유하는 서울형 메이커 교육(가칭 미래공방교육)'은 학생들이 스스로 상상하고 생각한 것을 디지털 기기와 다양한 도구를 사용하여 직접 제작해보고, 그 과정에서 획득한 지식과 경험을 다른 사람과 공유하도록 이끄는 과정 중심의 프로젝트 교육입니다. 이는 '협력적 괴짜'를 키우는 '학습자 중심의 새로운 교육패러다임 전환'이 될 것입니다.

'메이커 괴짜되기'는 '상상하기' 교육입니다. 학생들은 스스로 필요한 것을 머릿속으로 상상하고, 상상한 것을 창작물로 만들어가면서 변화해가는 자기 자신을 발견하게 되고, 성취감을 느끼게 될 것입니다.

'메이커 괴짜되기'는 '만드는 것을 즐기는' 교육입니다. 만드는 것은 남과의 경쟁이 아닙니다. 학생들은 더 나은 무언가를 만들기 위해 서로 돕고 협력하면서 나 혹은 우리 모두를 발전시켜 나갈 수 있습니다.

'메이커 괴짜되기'는 '서로 공유하는' 교육입니다. 학생들은 자신 뿐만 아니라 우리 모두가 필요한 것을 만들고, 만든 것을 서로 공유해 나갑니다. 함께하기에 실패를 두려워하지 않고, 더 나은 것을 향해 발전해 나갈 수 있을 것입니다.

서울시교육청은 '메이커 괴짜 되기'를 구현할 수 있도록 3D 프린터, 레이저 커팅기 등 첨단과학·디지털 기자재를 갖춘 거점형 '메이커 스페이스(미래공방공작소)'를 21개의 발명교육센터에 구축하여 학생들의 창작 욕구를 해소할 수 있도록 하겠습니다.

또한, 일반학교의 메이커 운동 확산을 위해 모델학교를 운영하

태어난 집은 달라도 배우는 교육은 같아야 한다

고, 희망하는 모든 학교에 창작활동을 위한 기자재를 보급하며, 인적·물적 환경이 부족한 학교에는 장비를 갖춘 메이크 버스^{Make Bus}, 메이크 트럭^{Make Truck}을 지원하겠습니다.

학생들은 교과 및 서울형 자유학기제 등과 연계하여 메이커 교육을 받을 수 있을 것입니다. 특히 일반고 학생은 협력 교육과정 거점학교, 특성화고, 사회교육자원 등을 통해 메이커 교육을 직접 체험할 수 있을 것입니다.

또한 정보 교과에 대폭 반영된 코딩 및 소프트웨어 교육을 지원하기 위해 코딩교육지원센터를 구축하고, 교육 과정과 연계한 코딩 중심 융합수업을 통해 학생들의 디지털 창작 활동을 지원할 것입니다.

'서울형 메이커 교육'은 아직은 낯선 교육입니다. 서울시교육청은 메이커 교육에 대한 공감과 참여를 유도하고, 단위학교에서 메이커 교육이 활성화되도록 교원 전문성 향상을 위해 지원하고, 자신의 창작물을 자랑하고 서로 공유할 수 있는 메이커 페어를 개최하겠습니다.

서울시교육청은 지난 10월 11일에 서울디지털재단과 코딩교육과 디지털기반의 학생 창작 활동 지원을 위한 업무협약을 체결하였습니다. 향후 세운상가, 서울시립과학관, 국립과천과학관, 민간 메이커 스페이스 등과 메이커 교육 전문위원협의체를 구성하여 학교 밖 교육활동을 활성화하고, 사업의 시너지 효과를 높이고자 지속적으로 노력하겠습니다.

'서울형 메이커 교육', 즉 〈메이커 괴짜 되기 프로젝트〉는 제4차 산업혁명시대를 맞이하는 학생들에게 창의적 문제해결력과 협력·공유 능력 등 미래역량과 자기주도적 역량을 함양시키고 창작문화를 확산시키는 중요한 밑거름이 될 것입니다.

-2017년 11월 1일

태어난 집은 달라도 배우는 교육은 같아야 한다

만 18세부터 선거권을 부여해야

주지하다시피, 만 18세 선거권 부여는 선진국에서는 이미 일반적 추세입니다. 가까운 일본도 만 18세부터 선거권이 주어지고 있으며, OECD 국가는 한국을 제외하고 모두 만 18세부터 선거권을 부여하고 있습니다. 그러나 우리나라에서는 '만 18세 선거권 부여안'이 국회 안전행정위원회 전체 회의에서 일부 정당의 반대로 상정조차 되지 못한 채 무산되어 18세 선거권 문제가 실종될 위기에 처해 있습니다.

저는 18세 선거권 문제를 정치적 관점에서가 아니라 교육적인 관점에서 접근해야 한다고 생각합니다. 현행 교육부 고시 고등학교 교육과정과 연계할 때 만 18세 선거권 부여는 교육과 삶을 통합하는 교육적 의미를 가지고 있습니다. 교육부에서 고시한 고등학교 사회과 교육과정에도 '정치 과정과 시민참여'를 주요한 교육과제로 제시하고 있습니다.

"민주사회에서 정치과정을 통해 다원적 가치와 이익이 조정되고 있음을 이해하고, 정치과정에 참여하는 다양한 정치 주체의 역할을 파악한다."

"민주주의에서 선거의 의미를 이해하고, 선거의 기본원칙과 공정한 선거를 위한 제도 및 기관을 탐색하며, 지방자치 제도를 이해하고, 지역문제 해결을 위해 시민이 수행하는 정치 활동을 파악한다."

이와 같이 국가 교육과정에서 고시한 내용이 실제 교육현장에서 제대로 작동하기 위해서라도 만 18세 선거권 부여는 교육적으로도 정당하며 학교 교육 과정과도 부합하는 것입니다. 그런데 현실은 이를 책에서만 배우고 실제는 대학에 가서 하라고 합니다.

현대 교육의 전반적인 흐름은 현장성입니다. 일부 반대론자들이 이야기하는 것처럼 고등학교에 정치적 바람을 도입하는 것이 아니라 고교 민주주의교육, 사회교육의 현장화를 촉진하는 계기가 된다고 생각합니다. 다음으로 반대론자들은 만 18세 고3 학생들은 피교육자이기 때문에 선거권을 부여받기에는 너무 어리므로, 선거권 부여에 조심해야 한다는 식의 생각을 합니다.

그러나 이번 광화문 촛불집회와 탄핵 과정에서 우리 청소년이 보여준 높은 민주시민의식과 정치적 판단력, 질서의식은 이미 시민으로서 충분한 의식을 보여주었습니다. 우리 청소년들의 민주시민의식과 높아진 정치적 판단력으로 볼 때 현행 만 19세 선거권은 만 18세로 확장되어야 합니다. 만 18세 선거권은 '교복 입은 시민'인 학생을 이제 '교복 입은 유권자'로 분명하게 학교와 사회가 받아들이는 것으로 학생인권 향상과 학생의 민주적 정치의식 고양에 기여할 것입니다. 이런 점에서 선거연령 하향은 교육적으로도 매우 의미 있는 일입니다.

서울시교육청은 학생들이 자기결정력과 책임 의식을 지닌 시민으로서 동일하게 존중받아야 한다는 취지로 '교복 입은 시민' 정책을 통해 서울 학생의 시민의식 고양에 노력해 왔습니다. '교복 입은 시민'은 학생을 '권리의 주체'로 인정하며, 나아가 시민으로서의 권한과 책임을 동시에 지니고 '실천하는 주체'로 인정한다는 것을 의미합니다.

서울시교육청은 그동안 권리의 주체이며 실천하는 주체로서 학생 자치의 원동력을 이끌어 내고자 〈학생인권조례〉와 더불어 학생회 운영비 지원, 중·고교 학생참여예산제의 전면 도입 등의 정책을 펼쳐왔습니다. 만 18세에 해당하는 고3 학생들에게 투표권을 부여하는 것은 '실천하는 주체'로서 학생을 인정하는 중요한 의미가 있습니다.

스스로 참여하고 주체로서 판단할 때라야 진정한 교육이 성립합니다. 초중등 교육에서 가장 중시하는 것이 바로 '자기주도적인 학습'입니다. 기존에는 학생을 많은 지식을 가진 교사가 지식을 전수하고 가능한 많은 지식을 머리에 넣어주어야 하는 '수동적인' 존재로 상정하고 접근해왔습니다. 그러나 자기주도적 학습은 학생 스스로를 배움의 주체로 상정하는 것을 의미합니다. 배움, 학습, 교육의 과정에서 학생 스스로가 앎을 주도적으로 추구할 때에 학습효과가 가장 크다는 것은 교육학의 상식입니다. 이런 점에서도 학생을 '교복을 입은 시민'(교복을 입었지만 일반인과 동일한 시민으로 인정하는 것)으로, 나아가 '교복 입은 유권자'로 인정하는 것이야말로 교육적이라고 할 수 있습니다.

우리 역사는 이미 학생들이 단순히 기성세대의 피교육자만이 아니라는 것을 웅변해주고 있습니다. 학생들, 특히 고교생들은 식민지시대 독립운동 과정과 4.19 혁명, 5.18 민주화운동 등의 정치적 격변기에 당당한 역사적 주체로서 참여하여 왔습니다. 또한 2016년 11월 이후 민주주의 광장의 일원으로도 주체적으로 참여하고 있습니다. 이러한 일련의 사실은 이미 만 18세 선거권이 가능한 방향으로 우리 사회의 수준이 향상되었으며, 우리 고교생이 민주시민으로서 충분하게 성숙하였음을 증명합니다.

사실 이번 촛불시민혁명의 과정에서 이들은 당당히 주체로서 참여하였습니다. 많은 중고생들이 주체로서 이에 참여하였습니다. 이들은 이미 '촛불시민혁명세대' 혹은 2016년 세대로 살아갈 것입니다. 4.19세대가 평생 4.19세대의 자부심을 갖고 살고, 87년 세대가 평생 87세대로서 역사를 만든 자부심으로 살아가듯이 이들도 평생 2016년 새로운 역사를 만든 2016년 세대로 자부심을 가지고 살아갈 것입니다. 이들은 이미 선거권이 아니라 더 큰 시민권을 부여받아야 할 존재로 성장해 있다고 저는 생각합니다.

고등학생 수준에서 투표권이 부여되더라도 그것을 계기로 학생들의 주체적인 사회참여에 대한 교육 기회를 삼으면 됩니다. 이를 두고 투표 연령 인하 자체가 특정한 정치적 편향을 발생시킨다고 섣불리 판단할 필요는 없습니다. 오히려 특정한 정치적 견해를 학생들에게 강요하지 않는 원칙, 다양한 견해들을 존중하고 논쟁하는 원칙

태어난 집은 달라도 배우는 교육은 같아야 한다

속에서 교육이 이루어진다면 선거권 인하는 고교 수준에서 새로운 민주시민교육, 민주주의 정치교육을 실천할 수 있는 계기이자 소재가 될 것으로 생각합니다.

일각에서는 만 18세 학생들에게 선거권을 부여하는 것은 고등학생을 '정치화'시킨다고 하는 비판을 제기하기도 합니다. 하지만 이는 기우에 불과합니다. 오히려 적극적으로 교과서에서 배우는 선거, 민주주의, 정치, 정치교육, 민주시민교육 등을 편향되지 않고 현장성 있게 고민하고 토론할 수 있는 계기가 될 수 있을 것으로 봅니다.

학생은 분명 피교육자로서 교육받는 존재입니다. 하지만 동시에 정치적 기본권을 향유할 수 있는 존재라는 사고의 전환이 이루어진다면 만 18세 선거권 부여는 고교 교육을 살아있는 현장 교육으로 전환하는 계기가 될 수 있을 것입니다. 따라서 18세 선거권 문제에 대해서 정치적 유불리 문제에 따른 당파적 이해 때문에 회피하지 않기를 바랍니다. 만 18세 선거권 문제는 단지 정치적 의제일 뿐만 아니라 교육적 의제입니다. 동시에 미래 한국 사회가 나아갈 방향과 그 맥을 같이 하는 것입니다.

제4차 산업혁명시대와 미래교육

우리는 지금 또 하나의 시대적 도전을 받고 있습니다. 알파고로 대변되는 제4차 산업혁명시대로의 대전환 속에서 지금까지의 사회 경제적시스템에 수동적으로 조응해오던 교육의 역할을 넘어서서 보다 선제적이고 능동적인 교육으로서의 전환을 요구받고 있습니다. 불과 2년 사이에 우리의 교육은 더 높은 문명사적 파고에 직면하고 있는 것입니다.

한국사적 차원에서의 사회 정치적 모순의 결절점인 '세월호'와 세계사적 차원에서의 경제 산업적 압축점인 '알파고', 이 두 가지의 시대적 대과제 앞에서 우리 교육이 어디로 가야 하는지 더욱 깊게 고민하고 답을 찾기 위해서 함께 노력해야 하는 절체절명의 시점이라고 할 수 있습니다. 세월호가 보여준 우리의 과거와 결별하고 알파고가 보여준 우리의 미래에 조응하기 위한 교육, 그것이 바로 제가 추구하는 혁신미래교육입니다.

저는 지난 2년 동안 다져온 '혁신'을 이미 깊숙이 들어와 있는

태어난 집은 달라도 배우는 교육은 같아야 한다

지구촌시대, 눈앞에 닥친 인공지능시대를 맞이하여 더욱 심화하고 확장해 나가려고 합니다. 기회이자 위기일 수도 있는 새로운 세계사적 국면에 조응하는 형태로 풍부해진 혁신교육이 바로 미래교육이라고 할 수 있습니다.

우리의 교육은 과거와 과감히 결별하고, 현재를 능동적으로 극복하며, 미래로의 적극적인 투신이 필요합니다. 혁신의 날개를 달고 미래로 가야 합니다. 교육은 미래로 먼저 가 있어야 합니다. 교육은 시대의 변화에 따라가는 것이 아니라 변화를 선도해야 합니다.

이 시대에 절실한 교육의 지표는 '미래지향성'이 되어야 합니다. 그리고 세월호를 넘어서는 '인간중심'이 되어야 합니다. 오늘날 인류 삶의 물적 토대를 좌우할 기술과 산업의 대전환의 국면 속에서 그에 주체적으로 적응하며 인간의 가치와 정의를 새롭게 지켜나갈 수 있는 인간을 키워내는 것, 그리고 '미래'적 조건에 맞는 '인간'을 만들어내는 것, 그것이 우리가 추구하는 '미래교육'입니다.

입시를 넘어 주체적 삶을 위한 '미래학력'

미래학력이란 구시대적 학력, 단순한 입시용 지식을 중심으로 암기한 학력이 아니라, 다양한 기술·산업적 변화 속에서 다양한 재능과 자질이 주체적이고 창의적으로 함양된 학력, 그리고 거대한 시대의 변화를 읽고 인류의 공존과 상생을 도모하는 데 기여하는 인성적 가치가 결합된 지적능력으로서의 학력이라고 설명할 수 있습니다. 이 미래학력은 형식적 측면에서는 구시대적 암기식 교육과 주입식 교육을 넘어서는 교육이자 감성과 인성이 결합된 학력이며, 내용적 측면에서는 단순 교과적 지식을 넘어서는 것으로서 인류의 삶에 관계된 다양한 지식과 가치로 역량을 풍부하게 하는 것입니다. 질문이 있는 교실, 토론이 있는 수업이 그 출발점이라는 것은 잘 아실 겁니다.

우리는 그동안 과거의 학력신장의 관점에서, 그리고 그것을 강화하는 서열화 된 대학입시경쟁 속에서 우리 아이들로 하여금 '공부 기계'가 되도록 강요해 왔습니다. 우리 아이들은 쉬지 않고 놀지 않고 잠을 최대한 줄이면서 기계처럼 공부해야만 했습니다. 그러나 역설적으로 기계처럼 공부하는 것은 이제 기계가 더 잘할 수 있는 시대에 돌입했습니다. 더구나 기계가 딥러닝deep learning까지 하는 지능적 기계로 발전한 시대에 돌입해 있는 것입니다.

많은 학부모들이 인공지능시대에 아이들을 어떻게 교육해야 하는가, 미래에 어떻게 대응해야 하는가에 대해서 불안해하고 있습니다. 인공지능시대는 과거 낡은 산업사회적 패러다임을 넘어서는 미래지향적 교육을 요구하고 있습니다. 이런 의미에서 '포스트산업사회적 상상력'을 길러주는 교육이 되어야 합니다.

그 과정에서 학생의 주체성이 대단히 중요합니다. 학생을 지식에 대한 주체적인 판단자이자 논쟁자, 다양한 관점의 비교토론자, 해석자가 될 수 있도록 하는 것입니다. 다원성, 비판성, 학생주체성의 원리 위에 서는 미래지향적 교육은 결국 '생각의 힘'을 키우는 교육이 될 것입니다. '아이들의 잠재력을 기존 지식으로 제약하지 말고 새로운 상상력으로 발전하도록 탈脫표준화' 하는 교육이 필요하다는 마인드 위에서 교육혁신을 구상하고 있습니다.

4차 산업혁명시대의 교육이 변화해야 한다면 이전에 교사가 전달하던 많은 지식 자체보다 지식의 종합능력, 활용능력, 지식 기반으로서의 상상력을 촉발하는 교육이 되어야 할 것입니다. 이런 점에서 제4차 산업혁명시대에 대비한 미래지향적 교육과정의 운영 방향을 재천명하고자 합니다. 서울교육청은 일반고 학생 선택 교육과정 운영 혁신 방안으로써 '개방-연합형 종합캠퍼스 교육과정'을 발표한 바 있습니다. 이를 위해 연차적으로 다양한 교육감 승인 교과목을 신설·개발하고, 일반고 '자유교양과정' 운영에 도입할 계획입니다. 창의·융합적인 내용과 학생의 탐구활동을 촉진하는 방식의 교과목으로 개발하여 인공지능시대에 부응하는 인간의 상상력을 확장하는 새로운 창의교육을 펼쳐갈 것입니다. 또한 수업과 평가에서 교사의 자율권을 강화하고, 교사의 자긍심 및 행복감을 높이는 데 지원을 아끼지 않을 것입니다.

공동체적 세계시민으로서의 '미래인성'

미래학력이 주로 앞으로 맞닥뜨릴 인공지능시대를 주체적으로 돌파해나갈 수 있는 역량을 키워주는 것이라면, 미래인성은 지구촌 시대를 살아가는데 필요한 보다 고차원화된 인격을 함양하는 것이라고 할 수 있습니다. 그래서 저는 그것을 세계시민교육 속에 담아내고 있습니다. 인종, 민족, 문화의 다양성을 차원 높게 포용하고 공존과 상생의 관점에서 서로 협력하고 조화를 이룰 수 있는 그런 대동大同세계적 존재로 크는 것입니다.

미래인성의 핵심은 이러한 세계시민성이며, 세계시민성의 기본

원리는 바로 협력입니다. 그래서 먼저 협력적 인성을 이야기한 바 있습니다. 4차 산업혁명시대의 교육은 공동체로서의 사회를 유지할 수 있는 새로운 윤리, 감수성과 상상력, 새로운 문화를 키우는 교육이어야 할 것입니다. 공동체적 감수성, 협력적 인성, 타인의 상황을 이해하고, '다름'을 수용하며 관계를 형성하는 공감능력을 키우는 교육이어야 할 것입니다.

안타깝지만 현재의 시대는 참으로 잔혹한 시대입니다. 국내외적으로 인간의 생명을 경시하는 가혹한 정치 사회적 상황도 전개되고 있습니다. 사회의 각박함은 인간이 서로를 따뜻하게 보듬고 배려하는 것을 불가능하게 하기도 합니다. 거기에 더해 지금까지의 우리의 교육은 '인간'과 '생명'을 중심에 놓기보다는 '성적'과 '등수'만을 우선했습니다. 인본주의적 교육이 아닌 기능주의적 교육으로 흘러왔습니다.

그 과정의 결과물인 '경쟁적 인성'을 '협력적 인성'으로 바꾸고자 합니다. '독서토론교육'이나 '협력종합예술활동' 모두 핵심은 '협력성'입니다. 소수의 승리와 독점이 아닌 모두의 통합적 향유를 위한 교육으로 추진하고자 합니다.

주체적 시민 역량을 키워내기 위한 '학생자치'도 기존의 '형식민주주의'인 학생회 중심의 자치를 넘어서서 모든 학생들이 평등하고 평화롭게 참여하는 '실질민주주의'로서의 학생자치가 구현되도록 하겠습니다. 능력의 차이를 떠나 각자의 고유한 개성을 바탕으로 마음가짐과 성실함, 노력만으로도 모든 학생들의 가치가 평등하게 존중받고 조화를 이룰 수 있는 교육으로 나아가려고 합니다.

그것이 바로 제가 강조해온 진정한 'Only One' 교육입니다. 모든 학생들이 내가 하는 행위는 '너를 이기기 위함'이 아니라, '너를 위함'이라고 생각하도록 교육을 바꿔가겠습니다.

서울형 작은 학교 모델학교

    서울은 저출산으로 인한 학령인구의 지속적인 감소와 도심권의 공동화 현상으로 인해 작은 규모의 학교가 증가하고 있습니다. 이로 인해 학교 간, 지역 간 불균형과 교육격차가 발생하고 있습니다. 소규모 학교에 대해 지금까지는 통폐합하는 것만이 해결 방안이라고 생각해 왔습니다. 그러나 도심에 있는 학교일수록 그 역사가 몇 십 년, 심지어 백 년이 넘는 경우가 많습니다. 학교 하나가 사라지면 역사가 사라지고, 마을의 구심점과 활력이 되었던 아이들의 함성소리도 사라지는 것입니다.

    서울시교육청은 소규모 학교의 통·폐합만이 문제 해결의 유일한 방법이라고 생각하지 않습니다. 때문에 발상을 달리해 작은 학교의 장점을 살리고 그 학교의 환경과 여건에 맞추어 특색 있는 교육과정 운영 등을 통해 작은 학교를 새롭게 활성화하는 방안에 대해 많은 고민을 해왔습니다.

    학교 규모가 적정 기준에 미치지 못하면 학교 운영에 여러 가지

태어난 집은 달라도 배우는 교육은 같아야 한다

어려움이 뒤따릅니다. 규모가 작아서 다양한 교육 과정을 개설할 수도 없고, 방과후 학교 프로그램을 편성하기도 어렵습니다. 일상적인 교육활동과 학습지도에서도 교사 한 사람이 담당해야 하는 업무가 과중해져서 내실 있는 지도가 어려워지기도 합니다.

그러나 이런 어려움이 있는 게 현실이지만, 그에 못지않게 작은 학교가 지니는 장점 또한 존재합니다. 서울시교육청은 작은 학교의 장점에 주목하여 정책적 지원과 노력을 통해 작은 학교의 단점을 극복하는 '서울형 작은 학교 모델 학교'를 만들고자 합니다.

저희들의 이런 노력은 오래된 작은 학교를 무작정 보존하자는 것만은 아닙니다. 이 정책은 서울 도심이 황량한 기능성 공간으로 전락하도록 방치하지 않고, 도심에서도 아이들의 뛰노는 소리가 들리게 함으로써 저출산 인구절벽시대에 서울시민 모두가 아이들의 배움과 성장이 이뤄지는 공간에 대해 관심을 가지도록 하자는 의도도 있습니다. 양적으로는 많지 않지만 서울교육 가족에게 좀 더 다양하고 풍부한 교육의 공간과 기회를 제공하는 의미도 있습니다.

'서울형 작은 학교 모델학교'는 교육과정·문화예술·돌봄 프로그램 운영과 함께 교육환경 및 시설 개선 등 학교별 맞춤형 지원을 통해 학생과 학부모들이 선호하는 다양한 교육과정 및 특색 프로그램 운영을 활성화함으로써 적정 규모의 학교를 유지함은 물론 학생이 오고 싶어하고, 학부모가 보내고 싶어하는 매력적인 학교를 만들어 가는 사업입니다.

세계시민교육의 중요성

과거 우리는 세계화를 경쟁적 개념으로 생각해 온 것이 사실입니다. 우리 안의 경쟁주의를 세계사적으로 확대 적용한 것입니다. 1990년대 중반 세계화가 국정지표로 정해지면서 이뤄진 세계화 교육은 '글로벌 경쟁력 강화'의 기조 위에 서 있었습니다. 국가간 경쟁 체제에서 생존을 위한 불가피한 측면도 있겠습니다만, 이것이 진정한 상생과 공존의 가치에 입각해 있다고 보기는 어렵습니다. 내적으로는 우리 안의 경쟁주의를 더 공고히 하는 원인이 되었을 수도 있습니다.

우리나라는 2000년을 전후하여 아시아 각국으로부터 이주민을 받아들이게 되면서 세계화라는 새로운 국면을 맞이하게 되었습니다. 이른바 '다문화교육'을 통해서 일정한 포용과 배려라는 흡수시스템이 구축되었지만 다분히 동화주의, 즉 우리를 '중심'과 '기준'으로 놓고 여기에 타자를 인위적으로 끼워맞추는 방식으로 존재했습니다. 그들의 입장과 관점에서 세상을 바라보는 관계적 평등성이 부

태어난 집은 달라도 배우는 교육은 같아야 한다

족했다고 할 수 있습니다.

　이러한 경쟁적, 동화주의적인 두 가지 관점을 뛰어넘는 새로운 세계시민교육이 필요합니다. 향후 수십 년 내에 우리는 더 이상 단일한 민족적 정체성을 갖는 집단으로 존재할 수 없게 될 것입니다. 급변하는 세계화 속에서 우리는 하루아침에 이국민이 될 수도 있고, 다른 나라의 누군가가 대한민국 국민이 될 수도 있습니다. 대한민국이 세계 속으로 나아가고 있기도 하지만, 대한민국 내부의 세계화도 급속히 진행되고 있습니다. 이 피할 수 없는 시대적 흐름 속에서 과연 어떤 인품을 갖춘 인간을 육성할 것인가가 교육의 핵심과제가 된 것입니다. 세계시민교육은 단순히 세계로 확대된 경쟁 무대에서의 생존전략이 아니기 때문입니다.

　우리 아이들이 자국 중심적인 다문화 정책과 교육을 넘어서서 다문화를 다름과 차이로 보되 주류-비주류, 정상-비정상, 우優-열劣이라고 하는 차별적 인식 틀로 보지 않고, '동등한 다름', '상호존중적 차이'로 이해하는 교육으로 나아가게 하기 위해 기존의 다문화교육의 포용적 측면을 계승하고 업그레이드하면서 세계시민교육으로 재구조화하는 노력이 필요하다고 생각합니다.

　전근대 시절에는 향촌 내에서의 바람직한 지역사회형 인간 교육으로 존재했던 것이 근대에 들어 국가 단위의 시민교육으로 확장되었고, 이제 세계시민교육으로 전환되고 있습니다. 국가와 민족이라는 경직된 구획 속에서 피아 구분에 따른 대결적 관점이 아니라, 세계라는 거대한 통합적 시민사회의 동등한 일원으로서 인종, 문화, 종교의 차이를 수평적 다양성으로 인식하는 포용적 관점을 가진 인간으로 거듭나야 합니다.

　민주시민교육의 세계사적 확대가 바로 세계시민교육입니다. 그 핵심가치는 당연히 배려, 존중, 평화, 공존, 상생, 포용, 평등입니다. 그것은 내 안의 인류애의 무한한 확장입니다. 국가, 인종, 민족, 문화, 종교에 따른 형질적 차이를 더 이상 낯설게 느끼지 않는 것, 모든 세계 공동체 일원을 '또 다른 나'로 인식하는 것, 그것이 세계시민교육이 추구하는 이상입니다.

　이는 단순히 맹목적 양보만을 의미하는 것은 아닙니다. 우리 사회가 세계 속에서 건강하게 공존하기 위한 적절한 기술적 지식과 자원을 만들어가는 것 역시 세계시민교육의 중요한 한 부분입니다.

　또한 세계시민교육은 우리 사회 내부의 차별과 갈등, 대결을 해소해나가는 데 있어서의 중요한 계기가 될 것입니다. 인류애적 관점과 통찰력을 갖춘 우리 아이들이 우리 사회의 부조리함에 맞서서 합리적 정의를 구현해 나가는 주체적인 역량을 발휘할 것입니다.

　　　　　태어난 집은 달라도 배우는 교육은 같아야 한다

'혁신교육 3기'의 새로운 지평을 향하여

우리는 지금 혁신 2기의 중후반을 넘어 혁신 3기로 이행하는 시기에 있습니다. 먼저 김상곤 – 곽노현 교육감으로 상징되는 '혁신교육 1기'가 있었습니다. 아래로부터의 몇몇 선도적인 혁신학교의 실험이 진보 교육감에 의해 공교육 혁신의 표준모델로 정립되면서 '위로부터의 혁신'과 만나게 된 것입니다. 그래서 혁신학교는 혁신교육으로 확장된 것입니다.

혁신교육 2기가 열리다

그런 후에 2014년 지자체 선거에서 진보 교육감이 대거 당선되면서 '혁신교육 2기' 시대가 열렸습니다. 혁신교육 2기는 혁신 1기의 성과를 계승하면서 혁신교육의 확대, 질적 심화와 다양화를 도모하는 시기였습니다. 무엇보다 혁신학교의 양적 확대가 이루어졌습니다. 가장 선도적인 경기도의 혁신학교는 이제 400여 개에 이릅니다. 서울은 혁신교육의 단절을 거쳐 지금은 혁신 1기의 복원과 확장을 진행하고 있는 셈입니다. 혁신학교의 양적 확대는 63개에서 160개 수준으로 이루어지고 있습니다.

혁신학교에서 학교혁신으로

혁신 2기의 중요한 변화 중 하나는 혁신학교 모델이 일반학교로 확장된 것입니다. '혁신학교에서 학교혁신으로'의 변화가 나타난 것입니다. 경기도에서는 혁신학교에 이어 '혁신공감학교'가 확대되고 있고, 서울시교육청의 경우 '학교혁신지원센터'가 만들어졌습니다. 그를 통해 혁신학교의 핵심적인 내용을 일반정책으로 설정하면서 '토론이 있는 교직원회의', '학생자치 활성화 정책('교복 입은 시민' 프로젝트)' 등이 시행되고 있습니다.

혁신교육지구 프로젝트

혁신 2기에 진행되고 있는 사업 중에 대표적인 것은 아마 혁신교육지구가 될 것입니다. 혁신교육지구 사업은 학교와 마을이 학생들에게 최고의 교육을 제공하기 위해 함께 협력하는 사업입니다. 기존의 학생들의 교육은 학교에서만 이루어지는 것으로 생각하고 접근해 왔습니다. 그러나 이제는 학교에서 다양한 교육을 제공하기 위해서 인적-물적 교육자원resources의 발원지로 마을이 존재하게 될 것입니다. 마을구성원들이 최선의 학교교육을 위해서 함께 머리를 맞대는 노력입니다. 이를 위해서는 학교도 마을로 다시 열리는 의미를 담고 있습니다.

그런 의미에서 혁신교육지구의 실험이 '닫힌 학교'에서 '열린 학

태어난 집은 달라도 배우는 교육은 같아야 한다

교'로 가는 길목에 있다고 생각합니다. 혁신교육지구사업은 교육적 의미를 갖지만 그 자체로 도시변화의 새로운 의미도 담고 있다고 생각합니다. 즉 혁신교육지구는 '도시형 마을공동체'를 만드는 중요한 계기이기도 합니다.

돌이켜 보면, 전근대사회에서 마을주민들을 연결하고 온 마을 주민들이 함께 하는 데에는 서당과 향교가 있었습니다. 교육과 종교가 마을의 중심에 있었던 셈이지요. 그런데 그것은 근대화과정에서 해체되었습니다. 도시는 뿔뿔이 흩어진 개인과 그들의 이익추구 공간이었습니다.

그런 의미에서 이제 새로운 의미에서 도시형 마을공동체가 복원-재형성되는 중요한 의미도 있다고 생각합니다. 혁신교육지구가 교육적 의미만 갖는 것이 아니라 도시재생의 의미도 갖고 있는 것입니다.

혁신교육 3기로의 이행

혁신 2기 중후반은 바로 이러한 차원(혁신학교의 양적 확대, 혁신학교의 핵심적 내용의 일반학교 혁신으로의 확장)과 함께, 혁신 3기로의 새로운 비상을 준비해야 할 것입니다. 누가 혁신 3기의 주체가 되는가와 관계없이 혁신 2기의 혁신 3기로의 이행 준비가 시작되었다고 할 수 있을 것입니다.

이런 점에서 혁신교육의 비상은 혁신학교와 혁신교육을 둘러싼 정치사회적 콘텍스트 혹은 조건의 변화에 대응하는 혁신교육의 질적 심화와 변화를 통해서 이루어질 것입니다. 이 콘텍스트의 변화에는 인공지능시대 혹은 제4차 산업혁명시대의 도래, 촛불시민혁명으로 표현되는 국민들의 의식, 요구, 기대, 열망의 변화, 즉 학생 및 대중의 주체성의 변화 등이 있을 것입니다. 바로 이러한 변화에 대응하는 혁신교육의 질적 심화와 비상이 필요할 것입니다.

혁신학교의 새로운 전진

이제 공교육 혁신의 표준적 모델이 된 혁신학교가 어떻게 한 단계 진화할 것인지 하는 고민이 필요합니다. 혁신학교의 양적 확대가 단지 '모방적' 확대로 이어지기보다는 어떻게 모든 학교가 다양한 교육혁신의 꽃을 피울 것인가, 진보 교육감에 의한 '위로부터의' 운동뿐만이 아니라, '아래로부터의' 새로운 역동성과 자발성을 어떻게 만들어낼 것인가 하는 등의 고민이 필요할 것입니다.

교육 외적 체제의 개혁까지

혁신교육 3기에는 혁신학교와 혁신교육의 성과를 기반으로 하여 대학학벌체제와 대학입시제도 등을 아래로부터 해체하여 재구성하는 작업도 수행되어야 할 것입니다. 지금은 현존하는 수직서열화된 대학과 사회불평등 현실이 아래로부터의 혁신교육을 얽어매고 있습니다. 치열한 경쟁을 촉발시키는 대학과 사회의 변화와 초중등교육 수준에서 이루어지고 있는 혁신교육의 변화가 함께 가야 할 것입니다. 혁신교육 3기는 바로 이러한 투 트랙 변화가 이루어지는 시기여야 할 것입니다.

태어난 집은 달라도 배우는 교육은 같아야 한다

혁신의 성과를 바탕으로 미래로!

2018년 무술년(戊戌年) 새해가 밝았습니다. 서울교육의 현장에서 서울교육가족 여러분들과 함께 고민하고 함께 땀 흘리던 시간이 어느덧 세 해 반을 넘어섰습니다. 아이들의 눈높이에 맞춰 새로 단장한 교실에서 환하게 웃는 아이들의 미소도 보았고, 동사할 뻔한 어르신을 구해낸 맑은 인성을 지닌 청소년들도 보았습니다. 아직도 노동인권 보장이 미흡한 직업훈련의 가슴 아픈 현장도 보았고, 특수학교 설립을 위해 무릎을 꿇어야 했던 학부모들의 눈물도 보았습니다.

지난 3년 동안 서울시교육청은 서울교육가족 모두의 아픔과 눈물을 씻어내고 미래의 희망과 환한 웃음과 밝은 인성을 길러내기 위해 크고 작은 변화와 혁신을 과감하게 추진해 왔습니다. 이제 4년의 임기를 마무리해야 하는 올해는 그동안 추진해온 교육개혁의 과제를 점검하고 흔들림 없이 추진해 안정적으로 현장에 스며들 수 있도록 하겠습니다.

서울교육 주요 정책을 전국으로 확산합니다

지난해 우리는 촛불시민혁명을 통해 새로운 정부를 활짝 열었습니다. 우리 서울교육은 이에 발맞춰 새 정부의 국정과제 실현에 선도적 역할을 해왔습니다. 이미 지난해 대선 시기, 서울시교육청이 제안한 국가적 정책 의제의 상당수가 현 대통령의 공약과 이후 국정과제에 담긴 것은 많은 분들이 주지하고 계십니다. 누리과정 예산의 안정적 확보와 국정 역사교과서 폐지에서부터 공영형 유치원의 운영, 고교체제 개편, 교육자치 강화 등 서울교육의 주요 정책이 전국으로 확산되는 한 해가 되기를 기대하고 있습니다.

교육 자치 시대를 열어갑니다

저는 2018년이 교육 자치와 학교 자치에 대전환점이 되기를 소망합니다. 교육 자치는 곧 학교 자치입니다. 교육부의 독점적 권한을 시도교육청으로, 시도교육청의 권한은 학교현장으로 과감하게 이양해야 합니다. 학교에는 교육과정, 재정 등 전면적인 운영의 자율권을 최대한 보장해주어야 합니다. 또 선생님들에게 교육과정 편성, 수업, 평가의 자율성을 확대해주는 것이 교육자치의 본질입니다. 앞으로도 저는 정부와 끊임없이 소통하고 때론 설득하여 '교육자치시대'를 앞장서서 열어가도록 하겠습니다.

학교 혁신은 수업 혁신입니다

학교 교육의 핵심은 교육과정, 수업, 평가에 있습니다. 모든 교육혁신은 결국 학교 현장에서 아이들의 성장과 발달을 위한 교육과정,

태어난 집은 달라도 배우는 교육은 같아야 한다

수업, 평가의 혁신으로 귀결됩니다. 미래 교육을 향한 우리의 노력도 궁극적으로 이와 맞닿아 있습니다. 올해 서울교육은 우리 아이들이 지성과 인성을 갖춘 미래 인재로 성장할 수 있도록 서울의 유초중등 교육과정을 내실 있게 운영하도록 하겠습니다.

유초중고 전 영역에서 혁신을 추진합니다

또한 서울시교육청의 핵심 교육혁신 과제라고 할 수 있는 공영형 유치원의 확대, 초등학생 안성맞춤 교육과정, 중학교 협력종합예술, 고교 개방형–연합형 종합캠퍼스 교육과정 등의 과제가 현장에서 실현되는 데 걸림돌이 없는지 더욱 세심히 살피며 지원하도록 하겠습니다.

'미래자치학교'를 열어갑니다

저는 무술년을 맞아 '계왕개래'繼往開來란 말을 새해의 화두로 삼으려고 합니다. '계왕개래'란 앞선 성과를 이어받아서 새로운 미래를 열어간다는 뜻입니다. 저는 이 말을 "혁신을 이어 미래를 열어간다"는 뜻으로 해석하고 싶습니다.

새로운 교육자치시대를 맞이해 저는 지금까지 자율성 확대를 위해 노력해온 성과인 '학교자율운영체제'를 바탕으로 이를 학교 자율성을 더욱 강화한 '미래자치학교'라는 개념으로 발전시켜나가겠습니다. 자율과 자치에 기초하여 미래지향적인 교육혁신을 서울 전역의 모든 학교에 뿌리내릴 수 있도록 최선의 노력을 기울이겠습니다. 새해에는 지금까지 추진해온 미래지향적 교육혁신이 학교 자치와 만나 더 나은 서울교육을 만들어갈 수 있도록 더욱 치열하게 노력하겠습니다.

-2018년 1월 1일, 신년사

태어난 집은 달라도 배우는 교육은 같아야 한다

걸어가는 사람이 많아지면 곧 길이 된다

공동체의 미덕을 함양하는 더불어숲교육

우리는 지금 인공지능시대라고 하는 제4차 산업혁명시대에 살고 있습니다. 지난해 서울시교육청은 이와 같은 패러다임 전환의 시대에 대응하기 위하여 서울교육을 '더불어숲교육'이라고 명명하며, 협동과 협력이 바탕이 된 미래역량을 기르고자 노력하였습니다. 올해도 우리교육청은 지난해의 '더불어숲교육'을 이어 공동체의 미덕을 함양해 나가겠습니다.

더불어숲교육은 단지 은유와 상징만을 의미하는 것은 아닙니다. 4차 산업혁명시대가 본질적으로 '집단지성'을 모으는 능력에 따라 개인과 조직의 역량이 달라지는 시대인 만큼 서울교육청이 추진하는 공영형 유치원 개발, 초1·2 안성맞춤교육과정, 중학교 협력종합예술활동, 오딧세이학교, 희망교실, 세계시민교육 등 여러 가지 더불어숲교육 정책이 가지는 의미는 매우 크다고 할 수 있습니다.

2018년은 이러한 더불어숲교육이 인성교육, 교육과정, 학교운영

등에서 더욱 심도있게 뿌리내리도록 노력하겠습니다. 새로운 정책을 도입하기보다는 지금까지 추진해온 교육혁신의 과제들을 점검하고 흔들림 없이 추진하여 혁신미래교육이 교육현장에 안정적으로 스며들도록 하겠습니다.

교육자치·학교자치시대를 열겠습니다

저는 감히 우리교육청이 한걸음 앞서 '혁신'과 '미래'를 향한 교육개혁을 실행하며, 새 정부의 국정과제 실현에 선도적 역할을 해왔다고 자부합니다. 지난해 대선 시기에 제가 제안한 국가적 정책 의제의 상당수가 현 대통령의 공약과 이후 국정과제에 담겨 있는 것은 이미 많은 분들이 알고 있는 사실입니다. 누리과정 예산의 안정적 확보와 국정역사교과서 폐지 등의 실천적 의제뿐 아니라 공영형 유치원 운영, 고교체제 개편, 민주시민교육 확대, 교육자치 강화 등이 그것입니다. 2018년은 이러한 서울교육의 정책들이 전국적으로 확산되는 해가 될 것으로 기대하고 있습니다.

교육자치 강화는 그중에서도 단연 1순위로 꼽을 만큼 중대한 의제입니다. 서울교육청이 지난해 본격화한 '학교자율운영체제'의 진전은 바로 자율과 자치를 통해 미래를 향한 교육혁신을 지속하는 것입니다. 그동안 서울시교육청은 '교복 입은 시민 프로젝트', '학부모회 법제화', '토론이 있는 교직원 회의', '교원학습공동체', '학교업무정상화' 등을 꾸준히 추진함으로써 학교 자율성의 범위를 확장하여 왔습니다.

이제는 학교자율운영체제가 교육자치, 학교자치로 새롭게 비상

태어난 집은 달라도 배우는 교육은 같아야 한다

하여야 할 때입니다. 교육자치의 궁극적인 목표는 학교자치입니다. 현재 교육부와 교육청 간에 '교육자치정책협의회'가 진행되고 있으며, 유·초·중등교육의 일부가 교육부에서 시·도 교육청으로 이관되어 올 것입니다. 저는 이관되어 오는 시·도 교육청의 권한을 과감하게 학교로 이양할 생각입니다.

그리하여 교육자치, 학교자치를 통해 선생님은 교육과정·수업운영·평가의 자율성을 갖고, 학교장님은 보다 폭넓은 학교운영의 자율성을 가짐으로써 교육공동체 모두가 행복하게 근무할 수 있는 학교, 잘 가르치는 학교를 만들도록 노력하겠습니다.

혁신을 이어 미래를 열어가겠습니다

서울시교육청은 무술년을 맞아 '계왕개래'繼往開來란 말을 새해의 화두로 삼았습니다. '계왕개래'란 말은 성리학의 선구자인 장재張載(1020~1077)가 "끊어진 과거의 위대한 학문을 이어나감으로써 만세를 위하여 태평을 열겠다"라고 한 데서 비롯되었습니다.

이는 '혁신 1기'의 미처 다 못 이룬 성과를 이루고, '혁신 2기'에서 그 목표를 보편화하고, 다시 '혁신 3기'를 통해 교육혁신을 심화하고자 하는 서울교육청의 의지와 상당히 유사합니다. 또한 시대를 관통하여 도도히 흐르는 '혁신의 물결을 이어 미래교육을 열어가라'는 시대적 책무이기도 합니다.

교육감으로서 임기를 마무리하는 올해, 저는 지금까지 그래왔듯이 저와 다른 생각을 가진 분들의 의견을 존중하면서도 혁신교육 정책은 흔들림 없이 지속해가는 균형과 안정의 기조를 유지하며 학교현장을 힘껏 지원하겠습니다.

결국 이 모든 것은 우리 아이들이 꿈꾸는 세상이 곧 현실이 될 수 있도록 노력하겠다는 저의 의지입니다. 교육의 시작과 끝은 무조건 우리 아이들이라는 신념 하나로 우리 아이들이 경쟁과 서열 없이 공평하고 당당하게 성장할 수 있도록 희망의 길을 열어가겠습니다.

중국의 사상가 노신 선생은 '걸어가는 사람이 많아지면 그것이 곧 길이 된다'고 했습니다. 희망도 마치 땅 위의 길과 같아서 바라는 사람이 많아지면 그 희망은 분명 현실이 될 것입니다. 그 길은 많은 분들이 서울교육의 힘찬 걸음을 응원해 주실 때 가능합니다. 부디 아름다운 동행이 되어주시길 진심으로 소망합니다.

-2018년 1월 10일, 서울교육 신년인사회에서

태어난 집은 달라도 배우는 교육은 같아야 한다

교육불평등과
'정의로운 차등'

교육불평등과 '정의로운 차등'
-'성공'한 '추격산업화' 이후 교육평등 정책

1. 머리말

이 글에서 나는 한국의 '추격산업화' 시대의 성공적 진행에 따라 역설적으로 교육불평등이 심화되어 왔고, 교육불평등은 이제 계급·계층적 격차를 세대 간에 재생산하는 기제로 작용하고 있다는 점을 서술한다. 나아가 서울교육청에서 이러한 교육불평등을 완화하기 위하여 취하고 있는 정책실험들을 소개한다.

사회경제적 불평등이 현존하고 그것이 교육에서의 불평등으로 표출되는 것은 일반적이다. 그러나 사회경제적 불평등의 정도에도 불구하고 어느 정도의 교육불평등이 존재하는가 하는 것은 나라마다 다르다. 교육영역에서의 '정의로운 차등'은 현실적으로 불평등의 구조가 현존하는 것을 인정하면서도 이를 완화하기 위한 다양한 차등적 정책을 취하는 것을 의미하고 그것이 도덕적 관점에서나

---

*이 글은 2016년 서울국제교육포럼에서 기조발제문으로 발표한 것입니다.

사회정의의 관점에서 타당하다는 것을 의미한다. 물론, 정의로운 차등 정책은 한 사회에서 복지의 보편적 확장에 따라 그 적용의 지점과 형태가 다를 것이다. 예컨대 초등학교와 중학교의 의무교육이 실시되기 전과 후가 다를 수 있을 것이다. 대학교 등록금이 무료인 사회와 그렇지 않은 사회에서의 적용의 양상은 다를 것이다. 정의로운 차등 정책은 복지의 보편적 확장에 따라 그 보편적 복지가 포괄하지 못한 영역에서 적용될 수도 있고, 현존하는 사회경제적 불평등이 존재하는 상황에서 모든 영역에서 하나의 일반적 가치지향이자 정책원리로 작용할 수 있을 것이다.

불평등이 현실적으로 불가피하다면 그것을 상쇄하는 불평등 완화의 노력은 도덕적으로 정당하다는 것은 누구나 인정할 것이다. 실제로도 자본주의적 구조 및 시장질서 내에서 개인들 간의 자유경쟁의 결과로 주어지는 불평등에 대하여 그것을 완화하기 위한 노력이 모든 나라에서 이루어진다.

사실 정의로운 차등은 많은 나라에서 사회적 약자를 지원하기 위해서 시행되는 역차별 정책 혹은 차별상쇄 정책affirmative action에서부터 다양한 사회복지정책에 이르기까지 다양하게 관철되고 있다. 사회경제적인 강자와 약자에게 차별적 대우를 하거나 약자에게 역차별적 우대를 하는 이러한 정의로운 차등의 정도와 형태에 대해서는 사회적 합의에 따라 달라지며, 한 사회 내에서도 역사적 발전에 따라 달라지게 된다. 이 글의 후반에서는 한국의 교육기관, 특히 서울 교육청에서 이루어거나 지향하고 있는 정의로운 차등의 정책을 소개할 것이다.

태어난 집은 달라도 배우는 교육은 같아야 한다

2. 추격산업화 시대의 교육불평등과 이후의 교육불평등

한국은 주지하다시피 성공적인 '추격산업화'에 성공한 국가이다. 그러나 지금은 '성공의 역설', '성장의 역설'에 직면하고 있다.

교육입국의 의미

한국에서는 '교육입국'(教育立國)이라는 말을 많이 사용한다. 말 그대로 교육으로 나라를 세운다는 동태적 의미이기도 하고, 동시에 교육이 나라를 떠받치는 기본 토대라는 정태적 구조를 설명하는 개념이기도 하다. 또한 일정한 국가 설립 단계에서의 가장 중추적 동력이 교육이라는 의미이기도 하고, 국가 설립 이후 이를 발전적으로 유지하기 위한 핵심적 기능 요소가 교육이라는 개념이기도 하다. 근대화 이후 한국에서 교육입국의 의미는 이 모두에 다 해당된다고 볼 수 있다.

외국에서도 한국은 교육을 통해 나라를 세우고 발전시킨 대표적인 나라로 인식된다. 이때 '교육을 통해서'라고 하는 것은 다양한 의미를 갖는다. 그중 대표적인 것은 교육을 통해 산업화에 필요한 역량 있는 산업인력과 인재를 만들어냈다는 것이다. 산업화라는 것은 흔히 생산력이 증가하고 경제규모가 늘어나며 산업 구조가 전근대적인 데서 근대적인 것으로 변화하는 것을 의미하지만, 이러한 현상적 결과는 저절로 탄생하는 것이 아니다. 그 이면엔 그것을 가능하게 하는 많은 요건들과 동시적으로 존재하는 것이며, 그중의 핵심이 그것을 가능하게 하는 인력(또는 자원으로서의 인간)인 것이다. 그

인력의 '역량적 정도'에 따라 산업화의 정도가 달라질 가능성이 높다. 현대 산업 사회로의 도약을 문명사적 흐름에서 하나의 입국 과정으로 본다면, 그러한 입국 과정에서 절대적으로 필요한 것이 그것을 가능하게 하는 인간의 역량 개발이고, 그런 경우의 교육입국은 바로 '역량 있는 산업인재의 양산을 통한 산업국가화'를 의미한다. 한국에는 일찍부터 교육을 중시하는 문화적 전통이 있었고, 해방 이후 이러한 전통이 이어지고 그 전통 위에서 교육을 통한 근대적인 산업인력과 인재를 만들어낼 수 있었다.

교육입국, 즉 교육을 통해서 나라를 세운다고 할 때의 '교육을 통해서'라는 것의 또 다른 의미는 교육이 '기회의 통로'로 작용하였다는 것이다. 국가 차원에서도 교육이 나라를 떠받치는 중추적 힘이 되는 것이지만, 개인 차원에서도 교육이 개개인의 삶을 떠받치는 토대가 된다. 산업화를 위한 국가 차원에서 요구되는 국민 전체의 능력 개발, 즉 국민의 보편적 역량 개발은, 개인 차원에서 보면 평등한 역량적 조건에서의 삶을 영위하는 것이 된다. 물론 소수의 엘리트집단을 통한 입국도 가능하지만, 적어도 근대화 이후 산업화를 통한 입국 과정은 전 국민적 차원의 산업인재화를 필요조건으로 하는데, 전 국민의 산업인재화는 모든 국민 역량의 상향평준화를 의미하고, 그것은 누구나 원하고 노력하면 그러한 역량 수준에 도달할 수 있는 사회적 조건이 갖춰져야 한다는 것을 의미한다. 개인에게 그러한 기회가 주어지지 않는다면 한 국가의 산업사회로의 전환과 도약은 쉽지 않다. 산업화를 통한 교육입국 개념 속에는 '나에게 주어진 교육기회의 평등에 기초하여 나라를 세우는 것에 동의한다'고 하는 심리적 구조가 존재하는 것이다.

한국전쟁 이후 절대빈곤 상황에서 한국의 부모들은 자신을 희생하더라도 자녀들에게는 어떻게든 높은 수준의 교육을 받게 하면 자신과는 다른 좋은 직장과 국가엘리트, 산업엘리트가 될 수 있을 것이라는 기대를 가졌다. 그리고 실제로 가능했었다. '아이들을 위해서 열심히 일하는 것'은 한국 부모들에게 하나의 문화가 되어 있다. 이처럼 일종의 계층상승에 대한 높은 기대는 한국민들을 역동화시켰고 근대산업에 부응하는 형태의 '근로 역동성'을 만들어냈다.

실제로 교육을 통해서 상대적으로 계층 간 이동이 활발해지고 상대적으로 평등한 상태에서 산업화가 추진될 수 있었다. 많은 동아시아 발전에 대한 외국 학자들이 한국의 성장모델을 '평등을 동반한 성장'growth with equality이라고 표현하는 것도 이런 맥락이다. 그렇듯 교육은 한국민에게 희망의 상징이었고 희망의 통로였으며, 혹은 희망 그 자체였다('나는 교육을 충분히 못 받았지만 내가 희생을 하면 아이들은 다른 삶을 살고 잘 살게 될 것이다'라고 하는 희망 그 자체였다).

교육평등 문제와 관련된 가장 첨예한 영역인 고등학교 학교체제에 대해서 논의해보자. 추격산업화 시기에는 이른바 '고교평준화' 조치로 인해 적어도 중등교육 단계까지만은 일률적으로 평등한 교육을 받았다. 전통적인 사립 명문이 존재하지 않았던 것은 아니지만, 전국의 모든 고등학교의 수준이 일정하게 평준화되었고, 어느 고등학교를 가나 자신의 노력 여하에 따라서 대학 진학이 이뤄졌었다. "개천에서 용나던 것"이 가능하던 시절이었다. 개인의 경제적 배경에 좌우되는 지금과 비교하면 오로지 자신의 노력과 실력으로만 성공과 실패가 갈라지던 시절이었다.

산업화 이후 '성공의 역설'

그러나 산업화가 성공하면서, 그리고 그에 대응하는 시장주의적 교육정책기조가 출현하면서, 역설적으로 이러한 평준화의 기조는 균열되기 시작하였다. 1995년 이른바 '5.31 교육조치' 이후 일정한 신자유주의적 교육 기조가 자리를 잡으면서 경직성과 획일성을 극복한다는 명분하에 자유시장적 자율성을 강조하게 되었다. 그 핵심적 두 가지 경로가 ①고교 다양화라는 이름으로 진행된 수직적 서열화, ②사교육이라는 시장의 압도성이다. 이 두 가지 조건 속에서 학부모와 학생들은 보편적이고 상시적인 출혈 경쟁에 내몰리고 있고, 그 과정에서 경제적으로 유리한 환경에 처한 학생이 서열의 정점에 있는 고교와 대학 진학이라고 하는 교육 자원을 독식하게 되는 그런 양상이 전개되고 있다.

이처럼 '교육적 평등'이 있었고 교육이 기회의 통로로 작용했기 때문에 가능했던 초기산업화의 성공 조건들은 역설적으로 변화하고 있다. 일종의 성장의 역설이 나타나고 있는 것이다.

과거 추격산업화 시대의 교육 평등은 그 시대적 조건에 한정하여 필요했던 특수한 평등, 불완전한 평등이라고 할 수 있다. 그것은 기회의 평등이 갖고 있는 한계 또는 불완전성에서 바라볼 수도 있다. 국가 동원 체제 방식의 산업화를 위한 기능적 수단으로 설정되었던 교육 기회의 보편적 확대(의무교육)와 평등성은 후기 산업시대와의 불일치로 나타났고, 그 모순의 성숙이 임계점에 이르지 못한 상태에서 새로운 교육 평등으로 진화(전환)하지 못한 채, 또다시 경제적·사회적 불평등의 심화라고 하는 새로운 시대적 상황에 압도된 채, 그것에 다시 종속되는 형태로의 왜곡이 일어나고 있는 셈이다.

그런 점에서 지금 우리는 추격산업화시대의 교육평등의 일면성과 신자유주의의 창궐로 교육불평등이 심화되고 있는 모순적 상황이라고 하는 이중적 과제를 극복해야 하는 시점에 있다. 추격산업화시대의 교육평등성은 국가 산업화를 위한 도구적 지위에 있었기 때문에 교육 내용적으로는 획일성, 기계성에 갇힌 채, 인간의 전인격적 성장과 발달을 제약하거나 왜곡하기까지 한 부정적 측면이 있을 수밖에 없었다. 그것은 또 다시 교육이라는 것을 지금 시점에서의 후기 산업 사회적 체제의 요구에 부응하는 도구적 역할로 설정하더라도 그 적합성, 기능성이 매우 떨어진 것으로 판명날 뿐만 아니라, 교육본질론 측면에서 볼 때에도 궁극적인 인간 가치의 실현을 위한 적절한 방법이 될 수 없다. 더군다나 제4차 산업혁명시대라고 하는 미지의 시대로 진입하는 이 시점에서는 더욱 그 효용성이 떨어졌다고 할 수밖에 없다.

그러한 구시대적 교육 원리와 기조를 극복하면서, 동시에 그 이후 시대에 부가된 교육불평등성 역시 해결하여, 역설적이게도 최소한 추격산업화시대의 교육기회의 평등성 수준으로라도 회복하는 것이 필요한 상황에 와 있다. 한마디로 후기 산업사회 시대의 평등한 복지국가적 체제에 조응하는 그러한 수준의 고차원적인 '신(新) 교육평등'이 필요하다고 요약할 수 있다. 그것을 나는 이 글에서 '정의로운 차등'이라고 개념화하고 있다. 그리고 그러한 교육에서의 정의로운 차등은, 그것이 존립할 수 있는 토대로서의 사회경제적 체제의 평등성을 전제로 필요로 하는 것은 물론이다.

이러한 성장의 역설은 여러 측면에서 나타나고 있다. 먼저 상대적으로 교육의 평등이 사라지고 있다. 사실 성공한 산업화의 의미는 국가적인 부가 대폭 증대되었다는 것을 의미한다. 한국 사회가 이전에 비해 잘 살게 되었다는 것을 의미한다. 그런데 모두가 동일하게 잘 사는 것이 아니라, 잘 사는 사람과 못 사는 사람으로 분화되게 되었다. 그런데 그 잘 사는 사람은 잘 사는 부모이고 못 사는 사람은 못 사는 부모가 된다. 그 결과 잘 사는 부모의 자녀들은 돈의 힘으로 없는 재능도 만들어 낼 수 있고(한국처럼 사교육의 힘이 큰 상황을 염두에 두어보라), 못 사는 부모의 자녀들은 있는 재능도 개발할 기회를 갖지 못하는 상황이 되어가고 있다. growth with equality in education은 이제 post–growth without equality in education으로 변화해가고 있다.

어떤 의미에서 교육은 이제 한국민들의 경제적 역동성을 촉발하는 요인으로 작용하는 것이 아니라 경제적 역동성을 죽이는 요인으로 작용하고 있다는 것이다.

3. 교육을 통한 계층 재생산으로 가는 과정?

성장 '이후', 그리고 성공적인 초기산업화 '이후'의 조건을 검토해보자. 어떤 의미에서 60~70년대 급속한 추격산업화의 시기는 식민지 시기 이래의 전근대적 계급·계층구조가 해체되고 근대적 계급·계층 구조가 미확립된 과도기였다. 그 과도기에 앞서 언급한 것처럼 교육을 통한 경제적 역동성은 성공적인 산업화를 가능하게 했다. 그 과정에서 역동적인 사회적 이동이 이루어졌다.

그러나 역설적으로 90년대 이후 한국 사회의 변화의 큰 흐름은 이전의 높은 수준의 사회적 이동성social mobility이 감소하고, 근대적인 계급·계층구조가 점차 형성·고착화되는 방향으로 나아갔다. 사실 산업화를 통해서 부를 축적한 대기업 집단과 상층, 고소득층은 새롭게 갖게 된 경제적 우월성을 지속시키고 세대 간에 재생산하고자 하며 새로운 진입자를 차단하는 방식으로 독점의 구조를 공고화하는 방향으로 나아갔다.

산업화 시대 이후에 불어 닥친 민주화의 시기는 산업화 이후의 새로운 평등을 촉진하는 힘으로 작용하기도 했지만, 외환위기 이후에 내부적인 힘으로 전환된 글로벌 신자유주의의 흐름은 계급·계층 구조화를 강화하는 힘으로 작용하였다.

교육현장을 마주하고 있는 교육감의 입장에서는 이러한 거시적인 변화가 미시적인 학교현장, 교육현장에서 다양한 방식으로 작동하고 있음을 목도하게 된다. 사회학적인 의미에서 계급·계층은 단지 객관적인 차원만을 내포하는 것은 아니다. 문화적 차원, 주관적인 차원, 생활문화 및 의식적인 차원에서의 분화를 내포한다. 이런 점에서 보면 초기산업화 시대의 평등한 교육은 이제 불평등한 교육으로 그리고 교육불평등의 구조화로 나아가고 있는 듯이 보인다.

교육을 통한 부모의 지위 전달

먼저 잘 사는 부모들은 자신들이 획득한 부를 도구로 하여 교육을 통해 자신들의 우월한 경제적·사회적 위치를 자신의 자녀 및 손자, 손녀 세대로 전달하고자 하는 다양한 노력을 하고 있다.

한국에서 공교육을 대체하는 다양한 형태의 사교육의 융성은 이를 반영한다. 물론 이는 대학입시경쟁이 치열한 데 따른 것이기는 한데, 사교육을 통해서 우월한 학업성취를 달성하고자 하는 과정에서 사교육은 대단히 번창하고 있다. 14조 원에 이른다는 한국의 사교육 규모는 평가자에 따라서는 비공식적인 것까지 합친다면 30조 원에 이른다는 보고도 있다. 교육부 예산 53.2조 원(2016년 기준)을 상정할 때 이는 비정상적인 것이 아닐 수 없다. 교육불평등과 관련하여 사교육의 번창은 부모 세대의 경제적 격차가 자녀세대의 교육 격차로 전이되는 매개적 과정이라고 규정할 수 있다.

계층적 '구별짓기' : 빈부에 따라 다른 교육?

둘째, 계층적 양극화 속에서 다양한 형태의 구별짓기^{distinctions}의 노력들이 중상층 부모에 의해서 이루어지고 있다. 우리 사회의 양극화적 흐름이 격화되는 속에서, 국민들은 각자의 계층적 범주 내에서 생존을 위한 경쟁, 그리고 계층 간의 배타적 경쟁으로 내몰리고 있다. 그 과정에서 중상층의 부모들은 교육을 통해 자신들의 사회경제적 지위를 자녀에게 대물림해주고 싶기 때문에, 자신의 자녀들을 일반적인 학생들과는 구별되는 '일류학교'에 보내고 싶어한다. 일류대학에 들어가고자 하는 노력은 서민들이 다니는 학교와는 구별되는 일류고교에 자신의 자녀를 보내고자 하는 구별짓기의 노력으로 나타난다.

주지하다시피 한국은 사회경제적 격차가 큰 사회이다. 이 격차를 배경으로 하여 대학은 가파르게 서열화 되어 있다. 이른바 'SKY대학' 등 좋은 대학에 들어가기 위한 경쟁은 치열하다. 이러한 대학입시경쟁은 고교 수준에까지 확장되어 고등학교체제는 대단히 서열화되어있다. 특목고-자사고-일반고로 이어지는 서열화된 고교체제는 사실 서열화된 대학체제의 상위대학에 들어가기 위한 사전 경쟁의 성격을 띠고 있다.

물론 이처럼 교육에 대한 투자와 구별짓기의 노력은 어렵게 이룬 부모세대의 사회경제적 지위 자체도 불안하고, 한국 사회가 사회복지제도도 발달하지 못한 상태에서 오는 사회적 불안의 반영이기도 하다. 한국 사회에서는 못 사는 사람만 불안한 것이 아니라, 잘 사는 사람도 불안하다. 이러한 불안은 다음 세대의 자녀들의 지위에 대한 불안으로, 그리고 그 불안을 상쇄하기 위해 '올인'하는 교육경쟁으로 나타난다.

다음으로 구별짓기의 또 다른 양상은 '중입배정'에서도 나타나고 있다. 고교 수준에서의 구별짓기가 일류고교에 보내기 위한 경쟁으로 나타난다고 하면, 의무교육의 일부로써 임의^{random} 배정방식으로 진행되는 중학교 배정에서는 인근의 좋은 사립학교 및 상대적으로 우수하다고 하는 공립학교에 보내려는 노력으로 나타나고 있다. 비근한 예로 2016년 중입배정에서 몇몇 지역에 갈등이 있었다.

A자치구의 경우, 갈등은 새롭게 건립된 중산층 아파트의 부모들

이 기존 아파트 주민 자녀들이 다니던 좋은 사립학교에 배정해달라고 하는 민원으로부터 출발했다. 기존의 아파트 주민들은 수년 동안 주어졌던 자녀들의 당연한 권리를 빼앗아간다는 반발로, 신설 아파트 주민들은 중입배정의 '근거리 배정' 원칙에 따라 자신들의 자녀에게 새로운 입학권리가 주어져야 한다는 논리로 항변했다.

B자치구의 모 중학교는 신설중학교로서 인근의 부모들이 모두 선호하는 학교이고, 대규모 개발 이후 들어선 주택단지에서 어느 아파트의 주민이 이 선호학교에 들어갈 수 있는가 하는 것을 둘러싸고 갈등이 있었다.

이 두 사례는 이미 경제적으로 분화된 부모들이 자신의 자녀에게 중학교 배정에서부터 선호학교에 입학하도록 구별짓기하는 노력의 일환이다.

중입배정을 둘러싸고 혹은 때로는 초등학교의 입학을 둘러싸고 나타나는 구별짓기의 노력은 중산층 아파트에 사는 부모들이 자신의 자녀를 임대아파트의 자녀들이 다니는 학교에 보내지 않기 위한 형태로도 나타난다. 인근에 임대아파트가 있는 경우 공공 임대아파트가 주변의 주택가격을 하락시킨다고 하는 취지에서 반발하는 것은 물론, 자신의 자녀들이 임대아파트의 '못 사는 아이들'과 섞이지 않도록 하려는 노력으로도 나타난다는 말이다. 현실적인 조건과 각자의 경제적 위치에서 자신의 권리를 최대한 확보하려는 심리가 한편으로는 이해되지만 우리 사회의 공공적 관점에서 보면 안타까운 일이 아닐 수 없다. 우리 사회의 경제 사회적 구조가 배려와 존중이 중심이 되어야 할 공동체적 삶을 경쟁과 자기중심적인 갈등적 삶으로 밀어 넣고 있는 것이다.

아비투스의 분화?

사실 이러한 차원을 넘어서서 이미 부유층 고급 아파트에서 성장하는 아이들과 저소득층 임대아파트에서 성장하는 자녀들은 이미 그들의 생활양식과 인식 등에서도 확연한 차이를 보이고 있다. 이른바 부르디외가 말한 아비투스habitus의 차원에서 확연한 구별이 나타나고 있는 것이다.

이는 어떤 의미로는 한국에서 계급·계층이 본격적으로 구조화되어가고 있음을 의미한다. 단순히 부모의 경제적 차이뿐만 아니라, 자녀들의 아비투스에서의 분화를 동반하게 되는 것은 총체적인 의미에서 계급·계층사회로 한국 사회가 이행하고 있는 방증이 될 수 있다.

물론 이러한 계급·계층의 구조화를 향하는 흐름만이 한국 사회에 존재하고 있는 것은 아니다. 다른 한편에서는 한국 사회의 오랜 전통이 교육균등의 가치가 지속되기를 바라는 다양한 운동과 힘으로 나타나고 있다.

이것은 민주화 이후 다양한 시민사회의 역동성으로 나타나고 있다. 추격산업화가 독재로 평가되는 권위주의 정권과 결합되어 진행된 상황에서 80년대 민주화의 물결은 산업화가 동반한 불평등의 확대에 대항하여 평등을 확장하고자 하는 내용을 포함하고 있다.

평등을 향한 요구는 한편에서는 과정의 투명성과 형평성을 주장하는 공정성에 대한 요구로, 다른 한편에서는 결과적인 차원에서의 공평성에 대한 요구로 나타나고 있다. 전자는 사회경제적 상층이 자신들의 기득권을 재생산하기 위한 다양한 행위에서 나타나는 반칙과 불공정성에 대한 불만을 기반으로 하고 있으며, 후자는 그러한 과정적 차원을 뛰어넘어 결과에서 나타나는 불평등에 대한 불만을 기반으로 하고 있다.

한국 사회의 동질성과 평등주의적 기대?

또한 더욱 심층적인 차원에서 한국 사회의 오랜 동안의 인종적·문화적·언어적·역사적 동질성은-최근에는 이질화되고 있지만-국민들에게 공통적으로 '공동체의 높은 평등주의적 기대'를 갖게 만들고, 이는 교육불평등을 향한 다양한 열망과 요구, 그를 둘러싼 갈등으로 나타나고 있다고 생각된다.

그런 점에서 보면 국내적으로 볼 때 산업화 진전으로 인한 부의 격차의 심화와 교육을 통한 그것의 구조화의 흐름이 한편에 존재한다면, 다른 한편에는 민주화의 여파 속에서 분출한 평등에의 욕구, 한국민의 높은 평등주의적 기대로 인한 반대의 흐름이 부딪히면서 공존하고 있다고 생각된다. 사실 후자의 흐름은 산업화로 인해 부가 증대된 한 사회가 복지사회로 이행하려는 동력이라고 할 수 있다.

그러나 평등주의적 방향으로 한 사회가 변화하는 것은 단지 국내의 조건으로만 결정되는 것은 아니다. 그것은 글로벌한 조건의 변화에 의해서 규정된다. 이런 점에서 보면, 90년대 초반 국가사회주의의 붕괴 이후 세계적으로 확산되고 있는 글로벌 신자유주의의 조건은 한국에서의 이러한 변화를 제약하고 있다.

태어난 집은 달라도 배우는 교육은 같아야 한다

사회주의의 위협이 아니라 글로벌 신자유주의의 위협?

사실 서구의 복지국가로의 전환 -그 전환 속에서 교육평등과 교육복지의 확대를 포함한다- 은 2차 대전 이후의 전세계적 수준에서의 사회주의의 출현과 2차 대전 이후의 사회주의의 확산 속에서 이루어진 냉전적 대립에 의해서 촉진된 점이 있었다. 주지하다시피 불평등으로 상징화된 자본주의에 대립하는 사회주의의 등장과 확산, 2차 대전을 계기로 한 중국사회주의 혁명 및 제3세계에서의 사회주의적 흐름의 위협적 확산은 자본주의로 하여금 평등을 향한 사회민주주의적 흐름이 강화될 수 있는 조건을 부여하였다. 서구에서의 복지국가의 등장은 이러한 글로벌한 조건에 크게 힘입었다고 할 수 있다.

그러나 역설적으로 한국이 복지국가로의 전환을 위한 과정 속에 갈등을 겪고 있는 현재의 글로벌한 조건은 정반대의 세계사적 흐름 속에 놓여있다고 할 수 있다. 사회민주주의적 정책과 복지국가의 위기에 대응하는 신보수주의의 등장과 80년대 말에서 90년대 초반의 소련 국가사회주의의 붕괴, 그에 따른 대안 부재의 TINA^there is no alternative 증후군, 후쿠야마 류의 '역사의 종말론'적 인식의 확산, 이러한 배경하에서의 자유시장논리의 전 지구적 확산, 90년대 말 전후의 성장기조의 동아시아 국가들의 금융위기 등을 배경으로 하고 있는 것이다. 이런 흐름은 뒤늦게 교육복지를 포함하여 사회복지국가로의 전환을 요구하는 민주주의적 흐름과 시민사회적 흐름, 평등주의적 흐름을 제약하고 있다고 생각된다.

이런 점에서 한국의 교육평등을 향한 흐름과 복지국가를 향한 흐름은 국내적·국제적으로 이중적이고 모순적인 상태에서 전개되고 있다.

4. 교육불평등에 대응하기 위한 노력들

1) 태어난 집은 달라도 배우는 교육은 같기 위하여

이상에서 서술한 것처럼, 현재의 한국 사회는 국민들의 평등주의 기대에 부응하지 못할 정도로 교육불평등이 심화되고 '교육을 통한 계급적 불평등의 재생산'이 우려스러운 수준에 이르렀다. 경제력의 심각한 불평등을 전제로 하여 전개되는 과잉교육경쟁은 이제 부모의 재력이 뒷받침되지 않는 한 참여할 수 없는 '그들만의 경쟁'으로 변화해가고 있다. 이는 현재의 교육경쟁이 비합리적 경쟁으로 작동한다는 것뿐만 아니라, 동시에 '부도덕한 경쟁'으로 작동한다는 것을 의미한다. 한국 사회의 경제력이 높아지면서 중산층 가족의 경우 가용할 수 있는 자원이 늘어났다. 그런데 이 자원을 '올인'하듯이 자녀교육에 투자하게 되면서, 이 경쟁은 더욱 치열해지고, 더욱 부도덕한 경쟁이 된다. 이런 점에서 나는 '태어난 집은 달라도 배우는 교육은 같아야 한다'라고 말한다.

이언 모리스는 『왜 서양이 지배하는가』(최파일 옮김, 2013, 글항아리)는 근대로의 전환기에 왜 서양이 동양을 추월하기 시작했는가, 왜 한 강대국은 몰락하고 다른 강대국이 패권을 이어받는가에 대한 설명을 시도하고 있다. 여기서 저자는 '발전의 역설'과 '후진성의 이

점'이란 개념으로 사회 발전과 쇠퇴를 설명하고자 한다. "발전의 역설은 사회가 발전할수록 외려 발전을 가로막는 힘이 점점 세져 단단한 천장을 형성한다는 역설을 의미하며, 후진성의 이점은 문명의 핵심부를 모방할 방법이 잘 작동하지 않는 후진 지역에서 가장 큰 진보가 일어난다"는 역설을 의미한다. 바로 현재의 한국의 교육불평등 문제는 발전의 역설(사회가 발전할수록 외려 발전을 가로막는 힘이 점점 세져 단단한 천장을 형성한다는 역설)이 한국의 교육영역에 나타나고 있음을 의미한다. 부모의 연봉=토익점수=대기업 취직이 일치하는 식으로, 발전의 기득권집단이 그 기득권으로 자원과 재능의 합리적 순환과 발현을 왜곡하는 식으로 나타나는 것이다.

필자가 이것을 심각한 문제라고 생각하는 것은 근대화 혹은 '성장의 역설'이 교육영역에 나타났기 때문이다. 즉 우리 사회는 60년대 이후 산업화의 초기에 상대적으로 '교육평등'이 있었다. '가난한 집 아이들이 공부를 잘한다'는 말이 그런 것이다. 그런데 우리 모두가 경험으로 알고 있듯이, 이제 이것은 아주 예외적이어서 '미담'이 될 뿐이다. 지금은 연봉이 높은 부모들이 어떻게든 아이들을 닦달해서 토익점수도 높이고 자신이 가진 네트워크를 통해 안정적인 직장에 보내고자 한다. 가난한 집 아이들은 부모의 경제력 때문에 자신의 재능을 발휘할 충분한 기회를 제공받지 못한다. 잘 사는 집 부모들이 아이들을 닦달해서 좋은 지위에 들어가게 하는 것은 어떤 의미에서 '가혹한 자본주의적 경쟁구조'와 '벼랑끝 사회'라고 내가 부르는 우리 사회의 현실 앞에서 개개인의 '합리적'인 전략적 행위일 수 있다. 그러나 사회 전체적으로 보면, 재능이 없는 학생들도 '돈의

힘'으로 높은 지위로 가고, 재능이 있어도 '돈 없는' 학생들은 자신의
재능을 발휘할 수 없는 현실이 재생산된다. 그러면 사회 전체적으로
는 한 사회에 존재하는 경제적 불평등 때문에 최고의 재능은 사장
死藏될 수도 있으며, 최고의 재능이 아닌 경우에도 최고로 활용될 수
있다.

개인의 합리성이 사회구조적·역사적 비합리성으로?

그런데 이것도 몇 년만 지속된다면 문제가 안 된다. 수천 년 간
이렇게 간다고 생각해보자. 그 사회에 왜곡이 발생한다. 그래서 제
국, 앞선 나라들이나 집단은 뒤처지게 된다. 다른 여러 내적 기제들
이 있을 수 있지만, '발전의 역설'은 바로 발전의 기득권집단이 그 기
득권으로 자원과 재능의 합리적 순환과 발현을 막게 된다는 것이
다. 자신의 아이들이나 연고집단의 아이들이 그 기득권적 지위를
'세습'하기를 바라는 개개인의 '합리적' 행위는 그 사회를 전체적으
로는 퇴행시키는 것이다(물론 이것은 집단과 사회의 '운명' 같은 것이다).
이런 견지에서 개인의 합리성이 사회구조적·역사적 비합리성이 될
수 있음을 우리 모두가 인식하여야 한다.

나는, 교육이 사회적 이동성social mobility을 촉진하는 통로가 되어
야 한다고 생각한다. 그런데 정반대로 '신新신분제 사회'처럼 작동한
다면, 그 사회의 역동성은 사라지게 되는 것이다. 사실 내가 '교육의
사회학'에서 우려하는 것이 바로 이 지점이다. 자기 자식이 잘 되기
를 바라고 '밥 굶지 않고 살기를' 바라는 마음이야 어느 부모나 같을
것이다. 그래서 좋은 학교에 가기 위해 온힘을 다한다. 그런데 이 가

혹한 경쟁구조를 고쳐서 그러한 치열한 교육경쟁을 하지 않아도 되는 구조를 만들려 하지 않고, 그 구조를 전제하고 어떻게든 부모의 부를 통해서 자식에게 안정적인 삶을 물려주려 할 때 구조적 왜곡을 발생시키는 것이다.

2) 교육불평등에 대응하는 '정의로운 차등'의 다양한 정책들

산업화의 성공으로 우리 사회의 사회경제적 불평등(부의 분화 등)을 인정하면서도 다른 한편에서는 '교육이 지속적으로 희망의 통로'가 되는 방식으로 불평등이 공적으로 제어되고 교육에 미치는 왜곡을 통제할 필요가 있다고 하겠다. 이런 점에서 사회경제적 부에 의한 학부모의 서열화가 자녀들의 교육서열화로 이어지지 않도록 하는 개혁이 필요하다.

나는 개인적으로 취임 '100일 기자회견'을 하면서, '불평등에 도전하는 교육감이 되고자 한다'라는 말을 한 바 있다. 사실 나는 교육감으로서 두 가지 미션을 중시한다. 첫째는 추격산업화 시대의 '낡은' 교육패러다임을 극복하고 새로운 교육을 실현하는 것이며, 둘째는 교육불평등을 완화하는 것이다.

이를 위해서 다양한 정책들을 개발하고 있으며, 기존의 정책에서도 교육불평등 완화라고 하는 문제의식을 관철하여 정책의 집행과정에서의 일정한 변화를 시도하고 있다. 물론 교육불평등 완화는 사실 진보교육감들이나 나의 지향만은 아니다. 교육부에서도 교육복지라는 이름으로 저소득층 아이들이 교육을 수행하는 데 필요한 지원을 하고 있다.

국가적 수준에서의 저소득층 학생들에 대한 지원들

초등학교와 중학교는 의무교육이기 때문에 학비가 따로 필요하지 않으며, 교과서도 무료로 제공되고 있음은 주지의 사실이다. 문제는 저소득층 고등학생들에 대한 지원과 의무교육과정에서의 부대교육경비이다.

예컨대 저소득층 학생들(1998년 제정된 국민기초생활보장법을 근거로 한 국민기초생활수급자)을 중심으로 하여－지원범주별로 약간씩의 차이가 있는데－전국공통으로 지원하고 있는 교육급여와 교육감들이 재량으로 지급하고 있는 교육비 지원이 있다.

전자와 관련해서는 부교재비(초1~중3까지 39,200원), 학용품비(중1~고3까지 53,300원), 교과서대(고1~3에 대해 131,300원), 입학금/수업료(고1~3) 전액을 지원하고 있다.

후자와 관련해서는 기본적으로 학비(고1~3), 급식비(고1~3), 방과후 학교 자유수강권(초1~고3까지 연 60만원 이내), 교육정보화 비용(인터넷 통신비. 초1~고3까지 월 17,600원)을 지원하고 있다. 여기에 더하여, 기타 수익자 부담경비에 대해서도, 서울교육청의 경우 생계·주거·의료 급여 수급자인 국민기초생활수급자, 한부모 가족보호대상자, 법정 차상위 계층의 학생들을 대상으로 하여 기타 수익자 부담경비 중에서 2가지(수학여행비와 수련활동비)를 지원하고 있으며, 사회통합 전형을 실시하는 학교의 기회균등전형이나 사회다양성 전형으로 선발된 저소득층 학생에게는 5가지(수학여행, 수련활동, 교복, 앨범, 기숙사비)를 지원하고 있다.

앞서 언급한 바와 같이 서울교육청에서는 교육불평등을 완화하

태어난 집은 달라도 배우는 교육은 같아야 한다

기 위한 다양한 정책을 '정의로운 차등'이라고 명명하면서 다양한 정
책들을 시행하거나 개발하고 있다.

2016년 대비 2017년 예산(안) 증감

세부별		2016년 예산현액	2017년(안)	증감	비고
교육비	학비	36,275,654	34,704,251	△1,571,403	학생수 감소 반영
	급식비	35,611,042	32,371,158	△3,239,884	평균 급식일수 (1일) 감소 반영
	방과후학교 자유수강권	25,443,990	27,449,010	2,005,020	대상범위 확대 (중위소득 50% → 60%) 반영
	교육정보화 (인터넷통신비)	5,645,348	5,624,890	△20,458	학생수 감소
	기타수익자 부담경비	9,178,162	10,918,493	1,740,331	평균수학여행소요액 100%반영, 교복비 지원 일반학 교로 확대(중1, 고1) 25억 미반영
교육급여		53,379,519	57,463,039	4,083,520	명시이월 3,340,730 포함
합계		165,533,715	168,530,841	2,997,126	

고교체제의 서열화를 완화하기 위한 정책

먼저 고교 서열체제를 완화하기 위한 정책을 들 수 있다. 대학서
열의 전단계로써 고등학교 역시 '수직적 서열화'의 특징을 가지고 있
다. 이처럼 수직적으로 서열화된 특목고-자사고-일반고의 구조를
완화하기 위해서, 자사고를 폐지하거나 축소하기 위한 정책적 노력
을 들 수 있다. 이는 '수평적 다양성'의 고교체제를 지향하는 문제의
식 위에 서 있다.

이 정책은 한편에서는 자사고를 폐지하거나 축소하는 정책으로, 다른 한편에서는 서열화의 하위로 밀려나고 있는 일반고를 집중 지원하는 정책으로 표현되고 있다.

이를 위해 2014년과 2015년 평가 작업을 통해 취소작업을 행하였다. 나는 자사고 취소 및 축소정책을 1974년의 고교평준화에 대응하는 '제2의 고교평준화'정책이라고 불렀다.

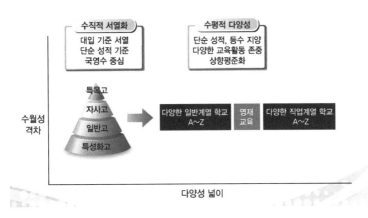

그림 1 : 고교체재의 수평적 다양화 방향

자사고(자율형 사립고)는 고교 교육과정의 자율화라는 이름으로 이명박 정부 시기인 2010년과 2011년에 〈초·중등교육법〉과 〈초·중등교육법 시행령〉에 규정한 고교 유형이다.

자사고는 총 49개에 이른다. 그중 25개가 서울에 집중되어 있어, 고교 서열화의 폐해가 심각하게 나타나고 있다. 그중 2010년에 지

태어난 집은 달라도 배우는 교육은 같아야 한다

정된 14개의 자사고가 2014년에 5년마다 받게 되어 있는 평가를 받고, 2011년에 지정된 11개의 자사고가 2015년에 평가를 받게 되어 있었다.

1차 자사고 평가를 통해서 이루어진 지정취소는 다음과 같다.

지정 취소 학교(6교) : 경희고, 배재고, 세화고, 우신고, 이대부고, 중앙고

지정 취소 유예 학교(2교) : 숭문고, 신일고

그런데 교육청이 지정 취소한 6개 자사고에 대해 11월 18일 교육부에서 곧 지정취소를 다시 취소하였다. 이에 대응하여 교육청에서는 이를 대법원에 소를 제기하여 현재도 계류되어 있는 상태이다.

다음으로 2015년에 5년마다의 운영평가를 받게 되어 있는 자사고는 11개였다. 2015년의 자사고 평가에서는 2014년 평가에서 평가지표를 교육청에 수정했다고 하는 자사고와 일부 언론의 비판을 고려하여 평가의 절차적 공정성에 대한 논란을 완전히 불식하기 위해, 교육부의 평가지표를 기본으로 하고, 교육부의 평가지표에서도 허용하는 교육청의 자율지표에 '자사고의 공교육 영향' 등의 지표를 일부 추가하는 방식으로 평가를 진행하였다.

그리하여 2015년 7월 20일, 2015년 자율형사립고등학교 운영성과평가 최종 결과를 발표했는데, 지정 취소 대상 학교 4개교에 대하여 청문 절차와 『자율학교 등 지정·운영위원회』를 거쳐 미림여고 1개교는 '지정취소', 경문고, 세화여고, 장훈고 3개교는 '2년 후 재평가'로 최종 확정했다.

자사고에 대한 교육부의 '엄호' 정책과의 긴장 속에서 자사고 평가 정책은 위와 같이 진행되었다. 그 결과 미림여고와 우신고가 일반고로 전환되었다.

고교체제의 서열화를 극복하기 위한 노력은 '일반고 전성시대' 정책이라는 이름으로, 일반고에 대한 집중지원을 펴는 것을 들 수 있다.

2014년 당시, 아래와 같이 전체 고교 318교 중 자율고(44교), 특목고(19교), 특성화고(70교)를 제외한 일반고는 184개교(58.0%)이다.

총계	일반고			자율고			특수목적고							특성화고		
	일반1	일반2(종합고)	소계	사립	공립	소계	과학고	외국어고	국제고	예술고	체육고	마이스터	소계	직업	대안	소계
318	183	1	184	25	19	44	3	6	1	6	1	3	20	70	·	70

그런데 학업우수자가 특목고, 자사고, 일부 특성화고로 몰리면서 일반고에 중·하위권 학생의 비율이 높아지고, 아래와 같이 일반고 사이에서도 후기일반고 배정 방식의 영향으로 입학생의 성적 차이가 확대되었다.

서울지역 학교유형별 최상위권(중학교 내신 석차 10% 이내) 학생 분포 비율

구분	2010년도	2011년도	2012년도	2013년도	2014년도
자사고 평균	22.5%	24.5%	25.2%	25.6%	22.5%
일반고 평균	9.2%	8.4%	8.6%	8.5%	8.7%

태어난 집은 달라도 배우는 교육은 같아야 한다

서울지역 일반고 학생성적 분포비율

구분		2010년도	2011년도	2012년도	2013년도	2014년도
A고	최상위권 학생	18.5%	24.8%	22.3%	24.5%	23.5%
	최하위권 학생	1.1%	2.7%	1.4%	1.1%	0.6%
B고	최상위권 학생	3.9%	3.1%	6.1%	6.4%	2.6%
	최하위권 학생	18.4%	20.8%	20.3%	31.3%	26.7%

(최상위권 학생 : 중학교 내신석차 10%이내, 최하위권 학생 : 중학교 내신석차 90% 이하)

　　그 결과 일부 지역의 일반고는 수업과 생활지도가 어려워지는 등 심각한 상황이 나타나고 있으며, 이는 일반고의 학업성취도 저하와 낮은 대학 진학률을 초래하게 되었다. 또한 일반고 학생들의 학력 격차, 학업 의욕, 희망 진로가 다양한 교실에서 일반고 교사들의 수업 좌절감이 심화되고 있다. 이러한 현상들이 이른바 '일반고 황폐화' 현상이라고 할 수 있다. 사실 황폐화라는 말 자체를 하는 것이 일반고를 과잉 저평가하는 것일 수도 있지만, 나는 문제의 본질을 명확히 드러내고 대안마련을 공론화하기 위해서 2014년에 이 문제를 공론화하였다.

　　이에 대응하여 '일반고 전성시대' 정책이라는 이름으로 일반고의 교육역량을 강화하기 위한 다양한 정책들을 펼쳐왔다. 먼저 일반고와 실업고가 존재하던 과거의 고교체제와 달리, 현재는 특성화고가 '상위' 직업교육학교로 정착되어 있는 상황에서, 현재 일반고에는 i) 대학 진학을 목표로 하는 학생, ii) 특성화고에 입학하지 못하였거나 차후에 직업교육을 희망하게 된 진로직업 희망학생, iii) 부적응 학생을 포함하여 대안교육을 희망하는 학생으로 크게 범주화해볼

수 있다. 일반고가 향후 이러한 3가지 교육방향에서 무엇을 중점에
둔 학교로 갈 것인가, 혹은 현재와 같이 복합적 성격을 갖는 학교로
유지될 것인가 하는 것은 큰 교육토론의 주제가 될 것이다. 그러나
현 상태를 전제로 하면서, 이 3가지 모두에서 학생들이 원하는 교육
을 충분히 받을 수 있도록 하는 지원 대책을 펴고 있다.

일반고를 고교 공교육의 중심에 위치시키기 위한 노력

2014년 9월 4일 발표한 '일반고 전성시대' 정책의 주요 추진 과
제는 ① 일반고 교육정상화 기반 구축, ② 학생 맞춤형 교육과정 운
영 및 수업 방법 혁신, ③ 진로진학 및 직업교육 지원 강화, ④ 책임
교육 지원 강화, ⑤ 교육 불평등 완화, ⑥ 일반고 중장기 발전 방안
수립 등이다.

다음으로 세칭 일류고라고 할 수 있는 서울국제고의 사회통합
전형을 50%로 확대하는 정책을 들 수 있다.

평등예산제

다음으로 평등예산제를 들 수 있다. 기본적으로 학생수, 학급수
등에 기반하여 개별학교에 대해 학교 운영비가 교부된다. 여기서 기초
생활수급자, 다문화학생, 탈북학생 등 어려운 학생들에 대해서는 1인
을 3인으로 간주하여 학교 운영비의 지급에서 차등을 하는 것이다.

소규모학교에 대한 차등 지원

다음으로 소규모 학교에 대한 차등적 지원정책을 들 수 있다. 학

생수의 급감에 따라 중학생 240명, 고등학생 300명 이하의 학교에 대해서 정부는 통폐합정책을 추진하고 있다. 그러나 학교가 죽게 되면 한 마을공동체 전체가 죽기 때문에 농촌에서는 분교와 소규모 학교를 살리기 위한 노력이 진행되고 있다. 서울교육청에서는 보다 적극적으로 '도시형 소규모 학교'를 살리기 위한 차등적 지원정책을 행하고 있다. 이를 위해 8개의 소규모 학교를 선발하여, 특성화된 학교로서 지속될 수 있도록 지원하고 있다.

급식비의 차등지원

다음으로 소규모 학교의 경우 급식비를 차등지원하는 정책을 펴고 있다. 사실 학생수가 많은 학교의 경우 급식비의 운영에 있어 상당한 여유가 있는데, 소규모 학교의 경우에는 식자재의 구입 등에 있어 어려움을 겪게 된다. 이런 견지에서 규모에 따라 작은 학교에 대해 일정하게 급식비를 차등적으로 추가지원하는 정책을 펴는 것이다.

다문화·다인종 사회에 직면한 한국 사회의 도전

사실 이상은 한국 사회의 인종적·문화적·역사적 동질성을 전제로 한 교육불평등의 완화노력이라고 할 수 있다. 그러나 90년대 중반 이후 한국 사회는 급속하게 다인종·다문화 사회로 진입하고 있다. 외국인 노동자의 대량 유입, 한국의 농촌 총각들의 아시아 여성과의 광범위한 국제결혼, 한국에 정주하는 외국인의 급속한 증가, 중국 교포들의 대대적인 이주 및 한국 취업 증대, 탈북민의 증대 등의 여러 요인이 복합적으로 한국 사회를 변화시키고 있다. 이러한 변화는 교육영역에서도 다문화2세 학생들의 확대로 나타나고 있다.

사실 이러한 현상은 세계화 즉 국경을 넘는 인적·물적 교류의 확대로 인하여 필연적으로 나타날 수밖에 없는 현상들이다. 한국경제의 성장과 세계화의 진전에 대응하는 한국정부의 교육영역에서의 정책적 응전은 처음에는 '국제경쟁력'을 강화하기 위한 세계화 교육으로 나타났다고 보여진다. 90년대 중반 UR 및 WTO의 출범에 즈음하여 한국 사회는 세계화를 위기로 인식했고 기존의 교육을 국제경쟁력을 강화하기 위한 교육으로 전환해야 한다는 문제의식이 강하였다.

90년대 말 '민주정부'라고 규정되는 김대중 정부와 노무현 정부를 거치면서 다문화·다인종 사회로의 전환에 대응하는 다문화 교육이 부각되었다. 이는 한편에서는 한국과 같이 인종순혈주의적 인식이 강한 나라에서 외국인을 배척하지 않고 그들의 인권을 존중해야 한다는 태도와 문화를 육성하기 위한 교육을 강조하는 것으로 나타났으며, 다른 한편에서는 문화적·인종적으로 다른 학생들을 '다문화 학생'들이 한국어를 배우는 것을 지원하는 것을 포함하여 한국의 학교와 사회에 잘 적응하도록 돕는 교육을 강조하는 것으로 나타났다.

교육부와 교육청에서는 다문화교육이라는 이름으로 다양한 지원정책을 펼쳐왔다. 서울교육청을 중심으로 다문화교육에 대한 지원정책은 다음의 표와 같다.

태어난 집은 달라도 배우는 교육은 같아야 한다

정책	구체적 운영방식
다문화언어강사 배치 및 운영	총 80교에 85명 배치. 결혼이주배경 다문화 언어강사를 희망학교에 배치(강사 : 서울교대 연수과정 900시간 이수자)
다문화 예비학교 운영	2016년 12개교. 중도입국 다문화학생의 정규학교 배치 전 한국어 및 한국문화이해 교육으로 초기 적응력 강화(한국어 및 문화교육 적응력 신장을 위한 교육 기초반, 초급반, 중급반 등 수준별 프로그램 운영. 상담교사를 통한 부모 및 또래관계, 한국생활과 관련된 다양한 문제해결을 통한 조기적응 지원).
다문화 연구학교 운영	3개 학교. 한국어 교육과정(KSL)의 내실화를 통한 한국어 교육 강화
다문화 중점학교 (글로벌문화학교) 운영	18개교. 일반학생 다문화교육과 다문화학생 맞춤형 지원을 통한 어울림, 상생의 실질적 통합기반 조성(다문화학생 다수 재학 학교 18개교 중점학교로 지정·운영, 중점학교 중 서울시 지원 외국 공관 연계 특별 프로그램 운영학교로서 '글로벌 문화학교' 10개교 지정)
다문화가정 학부모교육 프로그램	11개 교육지원청별 다문화 가정 학부모교육 프로그램 운영
다문화교육지원단 구성 및 운영	다문화교육 선도역량을 갖춘 유·초·중·고 교원 20명(유1명, 초11명, 중4명, 고4명) 공모 선정
다문화학생 대학생 멘토링 운영 지원	교육청이 멘티(배움지기) 학생 선발, 대학이 멘토(나눔지기) 학생 선발 후 결연 추진. 대학생과 다문화 학생을 결연시켜 돌보도록 프로그램. 2016년에 10개 대학을 나눔지기 대학으로 선정. 2016 배움지기 학생 모집(초·중·고등학교 다문화·탈북학생 중 희망자 656명). 2015 관내 희망자 792명 중 190교 388명 매칭 완료.
다문화교육 교원연수 운영	교원의 다문화교육 전문성 및 지도 역량 강화를 통한 다문화 선도교원 양성 및 네트워킹
다문화 유치원 사업	다문화 학생 비율이 높으며 다문화교육 의지 높은 유치원 6개교 선정 지원
글로벌 브릿지 사업 운영	수학, 과학, 리더십 분야에 잠재 능력을 가진 다문화학생 선발 교육. 교육부에서 협력기관(서울교육대학교)을 지정하고 사업 운영비 교부. 4~6학년 및 중 1~2학년 다문화학생 및 일반학생(전체 선발인원의 20% 이내) 50명 선발. 주말(토)교육, 집중교육(캠프), 사이버(원격)교육을 통한 지속적인 추수 지도

정책	구체적 운영방식
다문화학생『친구끼리』 직업교육 프로그램 운영	직업교육을 희망하는 중·고 다문화학생에게 체계적인 직업교육 기회 제공. 다문화학생 직업교육 지원을 위한 직업학교(기관)를 공모하여 3개 학교 선정. 교육청은 수강료, 실습비 등 예산지원, 교육과정은 방과후학교, 토요(방학)학교 형태로 운영
선생님, 친구와 함께하는 다문화체험 캠프 운영	다문화학생과 일반학생이 함께 참여하는 2박3일 체험캠프 운영. 모둠활동 및 소그룹 토론 등을 통한 상호 문화적 가치 이해 및 바람직한 교우관계 형성 도모
다문화학생 중심의 전국 이중언어 말하기 대회	다문화학생의 이중언어(한국어 및 부모 모국어) 의사 소통 능력 계발 및 언어 재능 조기 발굴. 17개 시도교육청별 이중 언어 말하기 대회 운영(예선)
다문화학생 모국체험학습 지원	다문화학생의 모국(母國) 체험학습을 통한 정체성 확립 및 언어능력 계발 등 건강한 성장을 돕는 프로그램. 이중언어 말하기 대회 수상자를 체험단에 포함하는 등 다문화학생 모어 사용능력 계발 동기 부여. 서울 다문화학생 출신 배경을 고려하여 중국 및 베트남 2개 국가를 체험학습 방문 국으로 운영

앞으로 한국 사회에서 교육불평등은 기존의 한국학생들 사이에서도 나타나겠지만, 더 크게는 '한국'학생과 다문화 학생들 사이에서 나타나게 될 것이다. 이런 점에서 교육불평등을 완화하기 위한 정책은 다문화학생들이 부모의 사회경제적 배경의 차이에도 불구하고 그리고 한국 사회의 폐쇄성과 배제성을 넘어서서 어떻게 차별없이 교육을 받을 수 있는가에 그 성공이 달려있다고 하겠다.

현재 서울교육청에서는 기존의 다문화교육을 세계시민교육으로 업그레이드시키고자 하는 다양한 노력을 진행하고 있다. 다문화교육이 한편에서는 다문화·다인종 학생들에 대한 차별을 없애기 위한 긍정적 성격을 지니고 있지만, 다른 한편에서는 '동화주의'적 성격을 지니고 있다. 즉 다문화·다인종 학생으로 하여금 한국의 언어와 문화를 잘 배우도록 하여 한국 사회에 잘 적응하도록 한다고 하는 문제의식을 가지고 있다. 세계시민교육은 한 단계 더 나아가는 것을 목표로 삼고 있다.

서울교육청이 상정하는 세계시민교육은 다문화교육의 동화주의적 경향을 뛰어넘고자 한다. 한국의 학생들은 지금도 국가, 인종, 민족, 문화, 종교 등의 여러 측면에서 거대한 차이를 갖는 이방인을 마주하며 살아가고 있다. 이러한 이방인을 이방인이 아니라 지구촌 공동체의 친구로, 지구촌 공동체의 이웃으로, 함께 살아가는 존재로 인식하고 마주하는 덕성을 가질 필요가 있다. 환대, 우의friendship, 공존, 상생, 포용, 평등, 배려, 존중의 가치를 내면화하고 그것을 태도화하는 교육이 필요하다. 이런 의미에서, 우리 아이들이 자국 중심적인 다문화 정책과 교육을 넘어서서, 다문화를 다름과 차이로 보되, 주류-비주류, 정상-비정상, 우優-열劣이라고 하는 차별적 인식틀로 보지 않고, '동등한 다름', '상호존중적 차이'로 이해하는 교육으로 나아가게 하기 위해, 기존의 다문화교육의 포용적 측면을 계승하고 업그레이드하면서 세계시민교육으로 재구조화하는 노력을 하고 있다.

이를 위해 기존의 다문화 교육정책을 지속하면서, 동시에 아래와 같은 새로운 정책을 추진하고 있다.

정책	구체적 운영방식
서울형 이중언어교실 운영	총 15개교 (초 13, 중 2), 이중언어 교실 강사 17명(중국어, 스페인어, 러시아어, 몽골어) 배치. 이중언어교실 강사의 수업 활동(지원)으로 모어(母語) 사용 다문화학생 수업 참여 제고 및 다문화학생뿐만 아니라 일반학생의 이중언어 습득 기회 확대 및 통합교육 실현

정책	구체적 운영방식
'세계시민교육 특별지원학교' 운영,	총 14교(초 6, 중 4, 고 4). 학교급별 세계시민교육 내실화 방안 및 다양한 세계시민교육 프로그램 개발
세계시민교육 학습동아리 지원	총 80팀(학생 50팀, 교원 30팀). 교사와 학생의 세계시민의식 함양과 세계시민교육 공감대 확산. 주제는 지속가능발전, 인권, 다문화, 국제이해, 평화, 봉사 등.
세계시민교육 인정교과서 개발	학교급별 세계시민 인정 교과서 활용을 통한 세계시민교육 활성화. 인천, 강원, 경기교육청과 공동 개발 중. 교과서 및 지도서 각 3종(초, 중, 고). 2016년 2월에는 학습보조자료로 「교실에서 만나는 세계시민교육」 개발 보급
세계시민교육 교원연수 운영	자격연수 교육과정에 세계시민교육 내용 편성. 자격연수(교장, 교감, 1급정교사, 부전공) 대상자 교장, 교감, 1급정교사, 부전공 대상자
세계시민교육 네트워크 구축	유관기관과 MOU 체결(월드비전, 굿네이버스 등). 세계시민교육 선도교사단(54명) 운영. 특별지원학교 담당교사(14명), 동아리 대표교사(80명), 유네스코학교 담당교사(68명), 선도교사(54명) 등 네트워크.
문화소통 세계시민양성 모델학교(연구학교) 운영	2개 학교 운영. 서울 서남권 다문화학생 밀집 초등학교의 교육력 제고를 위한 새로운 학교 모델 방안 적용

협력적 인성과 공동체적 인성

다음으로 정의로운 차등과 직접적 연관이 없을 수도 있지만, 서울교육청의 인성교육의 방향으로 협력적 인성정책을 들 수 있다. 기본적으로 한국의 교육은 서열화된 직업세계와 학교를 전제로 하여 학생들로 하여금 치열한 경쟁을 하고 그 결과에 기초하여 차별적 보상을 하는 것에 기초하고 있다. 이것은 세계 어느 나라의 교육과도 비교할 수 없는 치열한 경쟁교육이라고 할 수 있다. 추격산업화 단계에서 이러한 경쟁은 학생들로 하여금 일등인재가 되어 수출을 잘하는 일등기업의 일등인재가 되는 방향으로 작동하여 앞서 언급한 교육입국에 기여한 면이 있는 것도 사실이다. 그러나 이

태어난 집은 달라도 배우는 교육은 같아야 한다

는 학생들 간의 무한대의 경쟁을 촉발하였고 개인적인 성공, 개인의 더 높은 보상과 이익을 향한 이기적 본능을 과잉 확대하였다. 이것은 90년대 이후 글로벌 신자유주의의 확산 속에서 더욱 촉진되기도 하였다.

이제 우리가 협력적 인성과 공동체적 인성을 함양하는 교육에 주목해야 하는 이유도 여기에 있다. 경쟁 속에서 자기만이 최고의 승자가 되고 그 결과 최고의 이익과 부를 향유하고자 하는 인성이 아니라, 협력하고 협동하는 능력을 갖는 존재가 되고, 공동체 속에서 살아가는 존재임을 인식하고 공동체적 헌신을 미덕으로 생각하는 존재가 되도록 하는 것이 필요하다.

칼 폴라니K. Polanyi가 시장의 지배가 확장되면 '악마의 맷돌'이 작동하고 그것은 역설적으로 '사회의 자기보호'를 향한 힘이 작동하도록 한다고 말할 때, '사회의 자기보호'의 지향은 바로 이러한 협력적 인성과 공동체적 인성이 확산될 때 더욱 강력하게 작동할 것이라고 생각한다.

산업화의 시대에는 개인의 무한대의 이익추구가 하나의 '시대정신'이었다고 할 수 있다. 이어지는 민주화의 시대에는 권위주의하에서 억압된 개인의 이익과 권리에 저항하고 그것을 보호하는 것이 또 다른 '시대정신'이었다고 생각된다. 이제 새로운 미덕이 필요하다. 개인의 무한대의 이익추구가 교육영역에서는 큰 교육불평등을 낳았고, 억압된 개인의 이익과 권리투쟁이 사회적 약자들의 몫을 확대하고 보호하는 효과를 낳았지만, 결국은 '자기 몫의 확장'이라는 하는 개인주의적 지향을 넘어서지 못하였다. 이제 교육불평등을 극복하기 위해서도 나를 넘어서 우리, 개인을 넘어서 공동체를 고려하는 사회적 인성이 필요하다.

미래지향적인 '정의로운 차등'에 대한 고민들

다음으로 이러한 차등정책 외에도 다양한 정책 내부에서 '정의로운 차등'의 방법이 무엇인지를 검토하여 이를 관철하고자 노력하고 있다. 이를 위해 다음과 같은 고민을 하고 있다.

먼저, 교육불평등을 드러내주는 여러 교육불평등 지표를 원용하여, 교육예산 및 교육복지 예산의 전반적인 배분에서 차등을 하는 것을 고민하고 있다. 위에서 언급한 것은 몇 가지 예를 든 것이고, 더욱 다양한 방안으로 '정의로운 차등'을 통해서 교육불평등을 완화하고자 한다.

주지하다시피, 한국의 학교에서는 어려운 지역의 비_*선호학교들이 존재한다. 나는 '어려운 지역의 학교들이 오히려 더 낫다'라는 말이 나올 수 있도록 이러한 차등정책을 지속적으로 추진해나가고자 한다. 현재 고민하고 있는 것들은 다음과 같다. 예컨대 학교의 기본시설 중의 하나인 체육관이나 급식실의 건립에서 어려운 지역이나 비선호학교에 우선권을 주는 방안이 있을 수 있다. 통상적으로 하면 노후도를 기준으로 하여 체육관이나 급식실 건립의 우선순위가 부여된다. 그러나 노후도만이 아니라 '교육불평등 지수'가 반영될 수도 있을 것이다.

또한 교육청의 다양한 공모사업이나 서울시와의 협력 사업이 다양하게 존재한다. 이것은 대체로 공모를 통해서 부여되게 되는데, 어려운 지역의 학교나 비선호학교에 대해 차등적 우선권을 주는 방안을 검토하고 있다.

나아가 앞서 언급한 대로, 어려운 학생들을 3배로 계산하여 약간의 운영비 지원을 추가하는 '평등예산제'에서 더 나아가 어려운 지역의 학교나 비선호학교에 일괄적으로 일정한 액수의 자율예산을 차등적으로 부여하는 방안도 검토해볼 수 있다.

나아가 현재 학급당 학생 수 배정에서 일부 인기학군이나 선호학교의 경우 학생이 몰려서 타 학군 또는 여타의 학급당 학생 수는 상대적으로 줄어들게 된다. 이런 조건을 활용하면서, 학급당 학생 수를 일률적으로 적용하려고 하기 보다는 교육불평등의 여건을 감안하여 학급당 학생 수의 차등을 적용할 수 있다고 본다. 사실 소규모학교의 경우 학급당 학생수가 적기 때문에 학생의 입장에서는 교사로부터 더욱 많은 배려와 맞춤형 지원을 받을 수가 있다. 학급당 학생수의 설정에 있어, 불평등의 정도를 감안하여, 어려운 지역의 학생들이 더욱 혜택을 보게 하는 방안도 검토해 볼 수 있다.

나아가 상담교사, 협력교사, 간호사 등 지원인력의 배분에 있어서도 의미있는 차등을 둘 수 있다. 또한 기초학력 부진 학생에 대한 지원에 있어서도 차등을 둘 수 있다.

궁극적으로 이러한 작업은 서울 '교육불평등 지도'와 '정의로운 차등정책 지도'로 나타날 것이다.

5. 수직서열화의 교육에서 수평적 다양성의 교육으로

앞서 언급하였듯이, 우리 사회는 1960년대 이후 서양을 따라잡는 추격산업화에 매진해왔고 그것은 세계가 부러워하는 수준으로 '성공'적으로 이루어져 왔다. 추격산업화의 성공은 한국 사회가 경제적 후진국에서 경제적 (준)선진국으로, 절대적 빈곤상태에서 절대적 풍요의 사회로, 전근대적 경제에서 근대적인 자본주의적인 시장경제로, 그것도 독점적인 대기업이 주도하는 경제로 전환되었다는 것을 의미한다.

그러나 이러한 변화과정에서 우리 사회는 더욱더 '수직서열화의 사회'로 변모되어 왔다. 경제적 부의 증대는 상류층과 하류층의 분화로, 거대한 독점재벌과 중소기업, 영세자영업자들의 분화로, 고소득층과 저소득층의 분화로, 거대자산가와 빈곤층의 분화로 이어졌다. 직업, 소득, 자산, 매출, 지역, 계급·계층, 고용 등 모든 측면에서 수직서열화 된 사회로 변모되어 왔다. 그것은 점차 고착되어 가는 경향과 세대 간 재생산, 세대를 뛰어넘는 대물림의 경향을 드러내고 있다.

나는 추격산업화의 성공이 역설적으로 우리 사회의 기본 운영원리를 '수직서열화'의 원리로 만들었다고 생각한다. 이 수직서열화의 사회원리는 점차 사회적 삶의 영역에서도 관철되고 확대되어져 가고 있으며, 수직서열화 된 교육으로까지 고착화되어가고 있다. 이러한 수직서열화는 일차적으로 대학체제의 서열화로 연결되었고, 그것은 이제 고교체제의 수직서열화로 반영되고 있다. 교육영역에

태어난 집은 달라도 배우는 교육은 같아야 한다

서의 이러한 수직서열화는 이제는 초·중등, 심지어 유아 영역까지 급속히 확대되고 있다.

이에 대항하는 원리를 나는 '수평적 다양성'이라고 표현하고 싶다. 사회구성원 개인, 사회조직, 사회단체, 학교, 직업의 관계를 수직 서열화에서 어떻게 수평적 다양성의 관계로 만드느냐 하는 과제가 우리 사회에 절박하게 주어지고 있다. 수평적 다양화란 한국 사회의 다양한 구성단위들(개인, 집단, 조직, 지역, 계급·계층 등)이 하나의 기준으로 서열화되는 것이 아니라 기준 자체가 다양화되고 다양한 기준에서 하나의 구성단위가 일관되게 독점적 상위를 점하지 않도록 하는 것이다. 나아가 수평적 다양성의 사회는 '하나의 척도' 혹은 '하나의 기준'에 의해 일렬종대로 평가되는 사회가 아니라 '다양한 척도' 혹은 '다양한 기준'이 작용하는 사회여야 할 것이다.

통상 우리 사회는 그동안 산업화와 민주화를 경험해왔다고 말한다. 그 표현에 의하면 우리 사회는 지금 산업화 '이후', 민주화 '이후'의 사회를 만들기 위한 갈등과 각축, 투쟁의 도정에 놓여 있다고 할 수 있다. 이를, 한때는 '선진화'라고 표현하기도 했고, 복지를 강조하는 입장에서는 '복지사회로의 이행'이나 '복지국가화'를 이야기한다. 나는 사회원리라는 점에서 볼 때 한국 사회는 지금 '수직서열화'를 운영원리로 하는 사회에서 '수평적 다양성'을 원리로 하는 사회로 전환하는 중이라고 표현하고 싶다.

이러한 과제는 다양한 사회영역에서 실현되어야 하지만 '교육입국'에 성공한 한국 사회에서는 교육영역에서 가장 시급하게 실현되어야 한다. 이런 점에서 '수직적 서열화'의 사회를 개혁하는 핵심에

'수평적 다양화'의 교육으로 전환하는 과제가 필수적이라고 하겠다. 이런 점에서 보면 수직적 서열화의 교육을 개혁하는 것은 수직적 서열화의 사회를 극복해가는 운동과 같이 가야 한다.

물론 사회와 교육 간에는 상호작용이 있다. 분명 수직서열화의 학교체제, 그리고 불평등한 교육은 수직서열화된 사회의 반영이고 결과물이지만, 반대로 그러한 학교체제와 교육을 수평적 다양성의 체제로 전환하려는 노력은 수직서열화의 사회를 혁신하는 또 다른 계기로 작용할 수 있다. 그런 의미에서 수직적 서열화의 사회 개혁이 완결될 때까지 교육개혁을 미루는 것이 아니라, 교육 내부에서부터 수직적 서열화의 교육을 수평적 다양성의 교육으로 전환하기 위한 노력을 상호작용으로 전개할 필요가 있다.